Silke Hubrig
Anna-Lena Kühler

Das Übungsbuch zur Sprachförderung

Spiele, Geschichten und Lieder für 3- bis 7-Jährige

Verlag an der Ruhr

IMPRESSUM

Titel
Das Übungsbuch zur Sprachförderung
Spiele, Geschichten und Lieder für 3- bis 7-Jährige

Autorin
Silke Hubrig

Umschlagmotiv
Anna-Lena Kühler

Illustrationen
Anna-Lena Kühler

Lektorat
Juliane Baumann, Berlin

Druck
Athesia Druck GmbH, Bozen, IT

Verlag an der Ruhr
Mülheim an der Ruhr
www.verlagruhr.de

Geeignet für Kinder von 3 – 7 Jahren

ISBN 978-3-8346-6733-5

INHALT

INHALT

[1] Der Verlag an der Ruhr legt großen Wert auf eine geschlechtergerechte und inklusive Sprache. Daher nutzen wir neutrale Formulierungen oder das Gendersternchen, um alle Menschen unabhängig von Geschlecht oder Geschlechtsidentität einzuschließen. An einzelnen Stellen in diesem Buch verzichten wir dennoch auf das Gendern. Dies ist eine Einzelfallentscheidung aus didaktischen Gründen und ist in keinem Fall ausschließend oder diskriminierend zu verstehen.

VORWORT

Die **Förderung der Sprachbildung** ist als Aufgabe der Kita in allen Erziehungs- und Bildungsplänen der einzelnen Bundesländer uneingeschränkt fest verankert. Grundlegend hierfür ist, dass die Bildung der Sprache für die gesamte kindliche Entwicklung überaus bedeutsam ist.

Kinder nehmen durch Sprache Kontakt zu anderen Menschen auf und können Beziehungen zu ihnen gestalten. Durch Sprache als verbales Kommunikationsmittel können sie ihren Gefühlen Ausdruck geben. Das Sprechen über die Gefühle hilft ihnen dabei, diese auch zu verarbeiten. Darüber hinaus kann ein Kind mithilfe von Sprache eine Vorstellung von Dingen und Handlungen entwickeln. Sprache ermöglicht es, sich an etwas zu erinnern, Dinge zu unterscheiden und zuzuordnen und auch nicht greifbare Begriffe, wie Freude, zu verstehen.

Ebenso ist für das Lesen- und Schreibenlernen in der Schule die **gesunde sprachliche Entwicklung** eine wesentliche Voraussetzung. Schließlich ist Schrift die Sprache, die auf Papier gebracht wird.

Sprachbildung hat auch etwas mit der **Chancengleichheit aller Kinder** zu tun bzw. mit gesellschaftlicher Teilhabe. Kinder aus bildungsbenachteiligten Familien sind häufig darauf angewiesen, dass Sprachbildung in der Kita stattfindet. Sprache ist die Grundvoraussetzung für eine gelingende Integration in die Kita – und letztendlich auch in die deutsche Gesellschaft. Besonders für Kinder, in deren Familien nicht deutsch gesprochen wird, ist es wichtig, in der Kita die deutsche Sprache zu hören, um ein Gefühl für diese Sprache entwickeln zu können.

Das Ziel dieses Buches besteht darin, pädagogischen Fachkräften ein **praktisches Konzept** aufzuzeigen, welches ohne Vorerfahrungen und wenig Vorbereitung **kindgerechte Sprachförderung** in kleinen Gruppen in der Kita ermöglicht. Dies geht über die generelle Förderung der Sprachbildung im pädagogischen Alltag hinaus.

Zur Sprachförderung in kleinen Gruppen sind **zehn thematisch in sich abgeschlossene Sprachübungskomplexe** konzipiert, die der entsprechenden Zielgruppe schnell angepasst und umgesetzt werden können.

Jedes Kind und jede Gruppenzusammensetzung sind anders. Letztendlich muss daher jedes Angebot auf das individuelle Kind und die jeweilige Gruppe abgestimmt werden. Es kann kein praxisnahes Programm geben, welches alle Kinder erreicht und zur selben Zeit im selben Tempo weiterbringt. Somit können die Spiele und Übungen sowohl ganz genauso wie beschrieben umgesetzt werden, aber auch als Impuls und Anregung verstanden werden.

VORWORT

ÜBER DIESES BUCH

Das Buch ist als praktisches Übungsbuch für den Einsatz in der Kita konzipiert.

Einleitend sind im ersten Kapitel zunächst wesentliche **theoretische Grundlagen** zur Sprachförderung in der Kita zusammengefasst. Es werden hier beispielsweise die *Unterschiede zwischen Sprachbildung und Sprachförderung* aufgezeigt, die verschiedenen *Bereiche der Sprachförderung und Prinzipien für die alltägliche Unterstützung der Sprachentwicklung* von Kita-Kindern erläutert sowie die Bedeutung von *Sprachförderung für Kinder aus bildungsbenachteiligten Familien* und für *Kinder, deren Familiensprache nicht Deutsch ist*, verdeutlicht.

Das zweite Kapitel gibt grundsätzliche Informationen und Hilfestellung zur **Feststellung des Sprachförderbedarfs** von Kita-Kindern. Hier finden sich Angaben dazu, wie die *Sprachentwicklung* altersgerecht verläuft, wie ein *Förderbedarf* festgestellt werden kann und was getan werden kann, wenn eine *Sprachentwicklungsstörung* bei einem Kind oder mehreren Kindern vermutet wird.

Im zweiten Teil des Buches wird es praktisch. Zunächst werden im dritten Kapitel allgemeine Anregungen und Hinweise zur **Umsetzung der Sprachförderung in Kita-Kleingruppen** gegeben.

Daran schließt sich im vierten Kapitel der Praxisteil mit zehn **Sprachübungskomplexen zur Förderung von Kita-Kindern** an. Jeweils zu einem für Kita-Kinder spannenden Themenbereich gibt es:
- eine Vorlesegeschichte,
- Übungen,
- und/oder Lieder,

mit denen die sprachliche Entwicklung der Kinder gezielt gefördert werden kann.

Mit den Literatur- und Medienhinweisen am Ende des Buches kann das Thema darüber hinaus weiter vertieft werden.

Für einige Angebote wird **zusätzliches Bildmaterial** benötigt. Dieses Material steht **zum Download** zur Verfügung und ist im Buch mit einem Pfeilsymbol gekennzeichnet.

Alle im Download enthaltenen Dateien können unter folgendem **Link** oder über das Einscannen des **QR-Codes** heruntergeladen werden:

cloud.verlagruhr.de/lerninhalt/1RapERMfhLhB/

Es ist zu beachten, dass der angegebene Link und der QR-Code ihre Gültigkeit verlieren können. Sollten Sie Schwierigkeiten beim Zugriff auf die Dateien haben, wenden Sie sich bitte an: *digitaleslernen@verlagruhr.de*

1.

SPRACHFÖRDERUNG? DAS MACHEN WIR DOCH DEN GANZEN TAG!

SPRACHFÖRDERUNG? DAS MACHEN WIR DOCH DEN GANZEN TAG!

Jede pädagogische Fachkraft in der Kita unterstützt Kinder tagtäglich beim Spracherwerb. Das sprachliche Begleiten von Handlungen ist den meisten Fachkräften faktisch in Fleisch und Blut übergegangen. Im Kita-Alltag verläuft es oft ganz selbstverständlich „nebenbei". Diese Tatsache ist bereits ein wichtiger Aspekt bei der Unterstützung der *Sprachentwicklung* der Kinder. **Sprachförderung** geht jedoch noch darüber hinaus. Sie umfasst in der pädagogischen Praxis die **gezielte Förderung** unterschiedlicher Bereiche der Sprachentwicklung und wird neben der Sprachbildung als **Zusatzangebot** gehandhabt.

ZUM UNTERSCHIED ZWISCHEN SPRACHBILDUNG UND SPRACHFÖRDERUNG

Jedes Kind in der Kita befindet sich im Prozess der Sprachaneignung. Täglich beeinflussen die pädagogischen Fachkräfte in der Kita positiv die Sprache der Kinder und fördern somit ihre Sprachentwicklung. Das wird **Sprachbildung** genannt. Sprachbildung begleitet die **normale Sprachentwicklung** von Kindern. In allen Bundesländern ist Sprachbildung in den Erziehungs- und Bildungsplänen von Kitas als Aufgabe festgeschrieben.

Im Normalfall benötigen Kinder keine gezielte Sprachförderung, wenn sie ein natürliches Bedürfnis nach Kommunikation haben, ihre körperlichen Voraussetzungen zum Hören und Sprechen funktionieren und sie sprachliche Anregungen durch ihre Bezugspersonen bekommen (z. B. im Alltag Sprachvorbild sein, kommunikative Dialoge mit dem Kind führen). Sind diese Kriterien gegeben, erlernen Kinder Sprache eigenständig.

Sprachbildung grenzt sich von der Sprachförderung ab. Während die Sprachbildung permanent im Kita-Alltag unterstützt wird, so versteht man unter **Sprachförderung** die **gezielte Begleitung** und die **aktive Durchführung** von Angeboten für Kinder mit dem Ziel, ihre Sprachkompetenzen zu verbessern.

Bei der Sprachförderung ist eine **Sprachstandserhebung** vorausgegangen, die nach Auswertung eine gezielte Förderung empfiehlt. Dies ist nicht mit einer medizinischen Diagnostik zu verwechseln! Diese ist beispielsweise nötig, wenn ein Kind eine auffallend falsche Grammatik nutzt oder wenn es bestimmte Laute nicht deutlich sprechen kann.

Entwicklungsbedingt haben einige Kinder zeitweise Schwierigkeiten in der Artikulation oder mit einigen grammatikalischen Strukturen. Das ist völlig normal und bedarf keiner gezielten Sprachförderung, sofern eine Entwicklung zu beobachten ist.

Die Kinder, die einen besonderen Förderbedarf aufweisen, sollten eine **gezielte Förderung** bekommen. Diese kann in einer Einzelsituation oder auch im Rahmen einer Kleingruppe in der Kita angeboten und durchgeführt werden.

Hinweis
Da pädagogische Fachkräfte in ihrer Ausbildung keine logopädischen Fertigkeiten vermittelt bekommen haben, sollten *nicht entwicklungsgerechte Auffälligkeiten* bei Kindern unbedingt von einer logopädischen oder einer anderen sprachtherapeutischen Fachkraft eingeschätzt und behandelt werden. Das gilt vor allem bei: Lispeln, Stottern oder anhaltend fehlerhafter Aussprache.

Gut zu wissen
Sprachbildung benötigen alle Kita-Kinder, denn sie sind im Prozess der *Sprachaneignung*. Insbesondere die Aneignung des Wortschatzes ist unerschöpflich. **Sprachförderung** brauchen Kinder, die einen *gezielten Förderbedarf im Bereich Sprache* aufweisen. Dieser Bedarf wird im Kita-Alltag durch gezielte Beobachtung sichtbar.

BEREICHE DER SPRACHFÖRDERUNG

Sprachförderung lässt sich in sechs zentrale Bereiche einteilen, die im Folgenden erläutert werden.

Artikulation

Mit Artikulation ist die **Bildung und deutliche Aussprache von Lauten und Wörtern** gemeint.

Das Sprechen scheint etwas Natürliches zu sein, welches die meisten Menschen mühelos beherrschen und permanent tun. Sprechen ist jedoch ein komplexes Zusammenspiel, an dem verschiedene Organe beteiligt sind: Die Basis, um Laute zu erzeugen, ist der Luftstrom, der beim Ausatmen aus der Lunge geatmet wird. Dazu werden auch noch bestimmte Muskeln im Brustbereich aktiv, die den Brustkorb während des Sprechens zusammendrücken. So ist es möglich, dass Menschen einen gleichmäßigen Luftstrom haben und damit artikuliert sprechen können. Der Luftstrom gelangt beim Sprechen durch den Kehlkopf und erzeugt einen Laut. Genauer betrachtet, ist es dabei so, dass die Stellung der Lippen, der Zunge, des Gaumens und der Zähne dafür verantwortlich sind, wie der Laut gebildet wird, also wie er am Ende zu hören ist. Dementsprechend müssen die Atmung sowie die Stellung der Stimmritzen im Kehlkopf gesteuert werden. Für das Bilden eines Lautes werden mehrere Hundert Muskelbewegungen umgesetzt, welche unglaublich schnell fast gleichzeitig vom Gehirn koordiniert werden müssen. Bis zu 20 Laute werden in nur einer Sekunde von einem*einer Erwachsenen beim Sprechen produziert. (Vgl. Merkel 2010, S. 23)

Wortschatz

Der Wortschatz ist die **Gesamtheit aller Wörter**, die ein Mensch aktiv (also nutzt) oder auch passiv (kennt und versteht, aber nicht selbst nutzt) zur Verfügung hat.

Der Wortschatz kann sich plötzlich sehr schnell erweitern, beispielsweise wenn ein Kind begreift, dass es aus bereits geläufigen Wörtern neue Wörter mit einer veränderten Bedeutung erschaffen kann. So wird aus der Umschreibung „Essen am Mittag“ einfach nur „Mittagessen“. Der Anstieg der genutzten Wörter hat auch etwas mit der Fähigkeit zu tun, die Wörter richtig artikulieren zu können. Diese wird im Laufe der Sprachentwicklung eines Kindes zunehmend besser. (Vgl. Merkel 2010, S. 63) Der Wortschatz eines Menschen kann sich stetig steigern, auch wenn die Sprachentwicklung in der Kindheit abgeschlossen ist.

Grammatik

Grammatik ist die **Lehre vom Bau der Sprache**. Diese wird bestimmt durch Regeln, wie Wörter, Sätze und ganze Texte gebildet werden (z. B. Satzglieder, Zeiten und Wortarten).

Grammatik wird nicht nur durch die Imitation der Sprachvorbilder erlernt, sondern die Kinder eignen sie sich auch aktiv und kreativ an. Das lässt sich beispielsweise daran erkennen, wenn Kinder offensichtlich eine grammatikalische Regel verstanden haben, aber sie falsch anwenden, wie dieses Beispiel zeigt: „Ich bin zur Kita gegeht“ statt „Ich bin zur Kita gegangen“.

Sprachverständnis

Mit Sprachverständnis ist die **Fähigkeit** gemeint, die **Bedeutung des Gesagten zu erfassen**. Was ist die Botschaft von dem, was gesagt wurde?

Das Verstehen von Sprache bildet sich schon im frühen Kindesalter aus und wird ab dann fortwährend im Alltag trainiert. Für die Sprachentwicklung von Kindern spielt das Sprachverständnis eine wichtige Rolle.

Kommunikationsfähigkeit

Eine gute Kommunikationsfähigkeit zu haben, bedeutet, **sich verständlich** und angemessen gegenüber anderen Personen **verbal und nonverbal ausdrücken** zu können. Dazu gehört, das Gesagte vom Gegenüber auch angemessen aufnehmen zu können. Sprache wird grundsätzlich über Kommunikation erlernt bzw. Kommunikation über Sprache.

Erzählfähigkeit

Kinder im Kita-Alter sind dabei, sich Sprache anzueignen. Die meisten Kinder teilen sich anderen Menschen gern mit und erzählen viel. Entwicklungsbedingt sind ihre Sätze grammatikalisch (noch) nicht korrekt und auch die Aussprache ist nicht immer verständlich. Ihre Erzählfähigkeit befindet sich noch im Stadium der Entwicklung.

Bis zur Einschulung sollten Kinder sich jedoch deutlich artikulieren können und die Grammatik beherrschen. Die Kinder sollten über einen Wortschatz verfügen, der es ihnen ermöglicht, sich sprachlich differenziert auszudrücken. Sie sollten in der Lage sein, ihre **Erfahrungen und Erlebnisse nacherzählen** zu können. (Vgl. Merkel 2010, S. 87)

GRUNDPRINZIPIEN ZUR UNTERSTÜTZUNG DER SPRACHENTWICKLUNG IM KITA-ALLTAG

Im Folgenden werden die **sechs wichtigsten Aspekte** zur alltäglichen Umsetzung von Sprachbildung in der Kita kurz benannt und erläutert. (Vgl. Hubrig 2021, S. 14–18)

Sprachförderung grenzt sich zwar von der Sprachbildung ab, aber letztendlich ist die Unterstützung der Sprachbildung auch immer eine Art der Sprachförderung. Von daher sind die Grundprinzipien universal zu betrachten.

Handlungen sprachlich begleiten

Pädagogische Fachkräfte sollten die Handlungen der Kinder und auch ihre eigenen Handlungen in der Kita sprachlich begleiten. Dies kann beispielsweise so erfolgen: „Ich nehme das rote Auto! Da kommt das blaue Auto angesaust. Das fährt aber schnell. Das rote Auto muss ausweichen … " Durch das **begleitende Sprechen** der Fachkraft sehen die Kinder zugleich, wie die Handlung sprachlich ausgedrückt werden kann, und können so Handlung und Sprache miteinander verknüpfen.

Gute Beziehung aufbauen

Eine gute Beziehung ist die Voraussetzung für einen gelungenen Dialog zwischen Kind und pädagogischer Fachkraft. Diese Beziehung kann sich entwickeln, wenn die Fachkraft den Kindern **auf Augenhöhe** begegnet. Dies umfasst das aktive Zuhören (s. nächster Aspekt), eine zugewandte Körpersprache (im wahrsten Sinne des Wortes auf Augenhöhe), mit Blickkontakt, authentischer Mimik und Gestik sowie angemessene und empathische Reaktionen auf die sprachlichen Äußerungen des Kindes.

Aktiv zuhören

Aktives Zuhören bedeutet, dem Gegenüber **aufmerksam, genau und empathisch zuzuhören** und **angemessen verständnisvoll** auf die andere Person einzugehen. Dies umfasst nicht nur die verbale Sprache, sondern auch die Körpersprache. Pädagogische Fachkräfte sollten den Kindern als aktive Zuhörer*innen begegnen und ihr Interesse an dem, was die Kinder sagen, zum Ausdruck bringen.

Gesprächsanlässe nutzen

Pädagogische Fachkräfte sollten Gesprächsanlässe im Kita-Alltag wahrnehmen und nutzen. Mit Kindern ist dies häufig sehr einfach umzusetzen, denn sie möchten sich in der Regel gern mitteilen. Eine Frage kann bereits ein Gesprächsanlass sein, wie etwa: „Welches Haustier hättest du gern?"
Dabei ist es wichtig, möglichst **offene Fragen** zu verwenden. Darauf lässt sich leichter antworten. Offene Fragen sind sogenannte **W-Fragen**, wie: „Was/wo/warum/wieso/weshalb …?" Geschlossene Fragen lassen sich nur mit „Ja" oder „Nein" beantworten und sind oftmals kein Gesprächsanlass, wie etwa: „Möchtest du ein Haustier?"

Zum Sprechen ganzer Sätze anregen

Oftmals sprechen jüngere Kinder nicht in ganzen Sätzen, sondern sagen lediglich ein Hauptwort, wie „Hunger!" oder „Jacke!". Die pädagogische Fachkraft sollte auf nett gemeinte Art und Weise so tun, als ob sie das Anliegen des Kindes lediglich versteht, wenn es im **ganzen Satz** spricht.
Beispielweise kann eine Antwort sein: „Jacke? Ja, ich habe auch eine Jacke." – „Ich will meine Jacke!" – „Ach so, du willst deine Jacke! Ich gebe sie dir doch gern."

Sprachliche Fehler nicht verbessern

Sprachliche Fehler sind im Laufe der Entwicklung im Kindesalter normal. Kinder, die permanent auf ihre Fehler hingewiesen oder verbessert werden, haben rasch keine Lust mehr zum Erzählen und Sprechen. Es ist sinnvoller, das Gesagte des Kindes **sprachlich richtig zu wiederholen**, wie dieses Beispiel zeigt: „Ich gangte mit Papa zum Bus!" – „Ach, dann gingst du mit Papa zum Bus. Und wo seid ihr hingefahren?"

SPRACHANREGUNGEN FÜR KINDER AUS BILDUNGSBENACHTEILIGTEN FAMILIEN

Für eine gesunde Sprachentwicklung benötigen Kinder viele Sprachanregungen und Sprachvorbilder. Kinder aus bildungsbenachteiligten Familien bekommen diese oft zu wenig. Sie haben im Vergleich zu Kindern aus Familien, die höhere Chancen auf einen besseren Schulabschluss haben, durchschnittlich einen **geringeren Wortschatz**, machen häufiger **grammatikalische Fehler** und ihre **Erzählfähigkeit ist weniger gut** ausgeprägt. (Vgl. Hering 2016, S. 124)

Tatsächliche Sprachstörungen bedürfen therapeutischer Behandlung und haben neurologische, psychische oder wahrnehmungsbedingte bzw. physische Ursachen.

Sprachprobleme, die keine Sprachstörung sind, sind auf eine Umgebung des Kindes zurückzuführen, die dem Kind zu wenig **Sprachanregung** geboten hat. Diese Anregungen können im Kita-Alter nachgeholt werden, sodass das Kind in der Lage ist, bisher noch nicht Erlerntes in seiner Sprachentwicklung aufzuholen. Zentral dabei ist jedoch, dass dies bis zum Schuleintritt erfolgt. Danach wird es für die Kinder erheblich schwieriger. (Vgl. Merkel 2010, S. 89)

SPRACHFÖRDERUNG FÜR KINDER, DEREN FAMILIENSPRACHE NICHT DEUTSCH IST

Grundsätzlich können Kinder problemlos zwei Sprachen erlernen, wenn sie die Sprachen möglichst alltäglich brauchen (z. B. zu Hause wird arabisch gesprochen und in der Kita deutsch). Allerdings können Kinder, die in einer Familie aufwachsen, in der nicht deutsch gesprochen wird, im Kita-Alter häufiger **Probleme mit der deutschen Sprache** haben als Kinder, die nur mit Deutsch aufwachsen. Grund hierfür ist, dass den Kindern zu Hause die Sprachvorbilder fehlen. Die Kita kann hier sehr unterstützend einwirken, da sie den Kindern **hilfreiche Sprachvorbilder** für die deutsche Sprache bieten kann. Sie lernen die deutsche Sprache in alltäglichen Zusammenhängen und im Gebrauch. Die pädagogischen Fachkräfte sollten deshalb viel und grammatikalisch korrekt mit den Kindern sprechen (s. „Grundprinzipien zur Unterstützung der Sprachentwicklung im Kita-Alltag", S. 11–12 und „Pädagogische Fachkräfte sind Sprachvorbilder", S. 24).

Im Laufe des Prozesses des Deutscherwerbs sollte der Kita-Alltag so gestaltet werden, dass die Kinder, die noch kaum über deutsche Sprachkenntnisse verfügen, **gleichwertig und selbstbestimmt** am Kita-Leben teilhaben können. So ist es beispielsweise hilfreich, den **Tagesablauf mit Fotos** für alle (für Kinder und auch Eltern) sichtbar zu machen, **Porträtbilder der Kinder** einer Gruppe mit ihren Namen in der Garderobe oder im Gruppenraum aufzuhängen oder die verschiedenen Speisen, die es im Laufe des Tages in der Kita gibt, auf **Bildkarten** darzustellen. Selbstverständlich muss auch der Blick auf die Abbildungen immer wieder sprachlich begleitet werden, damit die Kinder deren Inhalt in Verbindung mit der sprachlichen Unterstützung verstehen und ihren Wortschatz erweitern können. (Vgl. Leisau 2020)

SPRACHFÖRDERUNG? DAS MACHEN WIR DOCH DEN GANZEN TAG!

Eine gezielte Sprachförderung, wie sie in diesem Buch dargestellt wird, könnte die Kinder im Prozess des Erlernens der deutschen Sprache unmittelbar unterstützen. Es ist jedoch davon abzuraten, generell lediglich isolierte Teilfertigkeiten mit den Kindern gesondert zu üben, weil dies möglicherweise den Sprachfluss des Kindes hemmen kann. Nützlich ist es, wenn wiederkehrende alltägliche Situationen und Handlungen stets **sprachlich begleitet** werden (z. B. die Begrüßungssituation). Kommunikative Redewendungen können beispielsweise schnell eingeübt werden mit Formulierungen wie: „Guten Morgen. Wie geht es dir?“ oder „Welches Wetter haben wir heute?“ (z. B. mit Bildkarten im Morgenkreis). Zudem schaffen diese **Rituale** in einem neuen sozialen Umfeld eine innere Sicherheit. Grundsätzlich sollten Kinder niemals zum Deutschsprechen gezwungen werden. Damit sie sich wohl und sicher in der Kita fühlen, müssen sie ihre **Familiensprache nutzen** können, wann immer sie es möchten. Diese ist für die Kinder identitätsstiftend, denn sie ist ein Teil ihrer Familie und von ihnen selbst. Die Familiensprache sollte nicht vor der Kita-Tür abgelegt werden müssen, sondern eine **Wertschätzung** in der Kita erfahren. Weitere Sprachen können stets als Bereicherung für alle Kinder betrachtet werden, quasi als Blick über den Tellerrand.

Hinweis
Hervorzuheben und zu beachten ist, dass eine Ablehnung der Familiensprache sich durchaus negativ auf das kindliche Selbstbild und auf die Sprachentwicklung auswirken kann.

Zur Wertschätzung seitens der pädagogischen Fachkräfte und anderen Kita-Kinder gehört beispielsweise auch, **Interesse an der Sprache und der Kultur des Kindes** zu zeigen. Dies umfasst, dass die Familiensprache eines jeden Kindes in der Kita präsent ist, z. B. in Bilderbüchern, Reimen, Liedern oder in einem Essensspruch.

Die Wertschätzung der Familiensprache des Kindes gehört zur **sprachförderlichen Grundhaltung der pädagogischen Fachkräfte** und damit auch zur sprachförderlichen Umgebung des Kindes.

Hilfreiche D(eutsch)a(ls)Z(weitsprache)-Materialien

- Gutknecht, C. (2022): Plapperhaus: DaZ-Sprachlehrgang für Spielgruppen und Kitas 2,5 bis 4 Jahre (Lernhauskarteien Deutsch), *SCHUBI Lernmedien: Braunschweig.*
- Wilkening, N. (2024): 66 tolle Spiele zum Deutschlernen in der Kita. Anleitungen und Materialien für Deutsch als Zweitsprache und zur Sprachförderung, *Verlag an der Ruhr: Mülheim an der Ruhr.*
- Wilkening, N. (2017): Kinder ohne Deutschkenntnisse in der Kita eingewöhnen. Praxishilfen - Vorlagen - Checklisten *Verlag an der Ruhr: Mülheim an der Ruhr.*

Sprachförderung für Kinder, die noch kein Deutsch können

In vielen Kitas werden Kinder betreut, die aus ihren Heimatländern flüchten mussten und noch kein Deutsch können. Das Erlernen der deutschen Sprache ist grundlegend wichtig für sie, um sich in der neuen Umgebung zurechtfinden zu können. **Sprachförderung braucht** jedoch **Zeit**. Neben den Möglichkeiten im Kita-Alltag, die zuvor für Kinder beschrieben wurden, deren Familiensprache nicht Deutsch ist, gibt es spezielle **DaF-Programme** (Deutsch als Fremdsprache), die in der Kita durchgeführt werden. Grundsätzlich verstehen Kinder, die noch kein Deutsch können, häufig an Mimik, Gestik, Art der Betonung, Sprachmelodie und auch Klang der Stimme, was die pädagogische Fachkraft ihnen mitteilen möchte. Das **Sprechen mit viel Körpersprache** ist zunächst das Kommunikationsmittel, das bei den Kindern ankommt.

SPRACHFÖRDERUNG? DAS MACHEN WIR DOCH DEN GANZEN TAG!

Prinzipiell sollte jede **Handlung** von der Fachkraft **sprachlich begleitet** werden, damit das Kind die Chance hat, die Worte im wörtlichen Sinne zu begreifen. Vor allem das Erlernen der deutschen Wörter über **sinnliche Erfahrungen** ist effektiv. Wenn ein Kind ein Stück Brot isst, während das Wort dazu gesagt wird, wird es viel schneller das Wort „Brot" lernen, als wenn es ein Arbeitsblatt zum Thema bearbeitet.

Ähnliches gilt auch beim Erlernen deutscher Wörter durch **soziale Dialoge** in der Kita-Gruppe, beispielsweise: „Gibst du mir den Stift? Danke!" oder „Das ist meine Jacke. Wo ist denn deine Jacke?" Insbesondere beim Einleben in eine neue Gemeinschaft ist es vorrangig, **situativ** die Sprachentwicklung im Alltag in sinnvollen Bezügen zu fördern. Als Basis dafür steht eine **sichere Bindung** zur pädagogischen Fachkraft und das Gefühl des Kindes, in der neuen Umgebung respektiert, wertgeschätzt und gemocht zu werden.

Gut zu wissen

Es gibt Lehrgänge, in denen DaF pädagogischen Fachkräften vermittelt wird.
Zum Beispiel (auch online) beim Goethe-Institut.

Literaturinfo

Tieste, K. (2019): Systematische Sprachförderung für Kinder ohne Deutschkenntnisse: Fertige Einheiten für Kita und Vorschule, *Verlag an der Ruhr: Mülheim an der Ruhr.*

2.

FESTSTELLUNG DES SPRACHFÖRDERBEDARFS

FESTSTELLUNG DES SPRACHFÖRDERBEDARFS

Bevor man eine Abweichung des Normalfalls, also einen möglichen Förderbedarf bei einem Kind feststellen kann, ist es notwendig, sich mit der normalen Sprachentwicklung von Kindern im Kita-Alter zu beschäftigen.

DER SPRACHENTWICKLUNGSPROZESS VON KITA-KINDERN

Sprache wird erlernt. Kita-Kinder befinden sich mitten im **Prozess** des Spracherwerbs. **Intuitiv** – ohne Unterricht durch Erwachsene – erlernen sie Sprache bis ungefähr zu ihrem **sechsten Lebensjahr**. Danach ist der Prozess im Wesentlichen abgeschlossen, wobei sich der Wortschatz lebenslang erweitert. Manche Kinder sind beim Spracherwerb sehr schnell, andere eher langsamer. Ab dem sechsten Lebensjahr fällt es Kindern aus neurophysiologischen Gründen grundsätzlich schwerer, eine Sprache zu erlernen, als vorher. (Vgl. Spitzer 2014, S. 209–210)

Phasen der Sprachentwicklung von Kita-Kindern

Wenn Kinder im Alter von **zweieinhalb bis drei Jahren** in die Kita kommen, sind sie bereits in der Lage, für sie bedeutsame Handlungen, Bedürfnisse, Wünsche und Dinge, die ihnen persönlich wichtig sind, zu benennen. Sie befinden sich im zweiten sogenannten Fragealter und drücken durch das sich oft wiederholende „Warum?“ oder andere W-Fragen den Drang aus, ihre **Welt verstehen** zu wollen. Darüber hinaus beginnen sie, von sich selbst in der Ich-Form zu sprechen, wie beispielsweise: „Ich möchte den Ball!“, und nicht wie bisher in der dritten Person: „Ebru will den Ball!“ Die Kinder kommen immer mehr mit anderen Menschen in einen **verbalen Dialog**. Dadurch erweitern sie rasch ihren Wortschatz und ihr Verständnis von Sprache.

Phase 1 – 2,5 – 3 Jahre

- Kind kann über sich in Ich-Form sprechen
- Kind kann benennen, was ihm wichtig ist
- schnell wachsender Wortschatz (ca. 300 – 500 Wörter)
- Erwerb und Nutzung der Fragewörter
- Bildung von Nebensätzen

Phase 2 – 3 – 4 Jahre

- Kind entwickelt eine Zeitvorstellung, benennt die Farben
- Sätze werden komplexer
- Kind wird grammatikalisch sicherer

Phase 3 – 3 – 5 Jahre

- Kind kann immer besser komplexe Sätze und Nebensätze bilden
- Kind kann immer besser Zusammenhänge und Handlungen beschreiben
- Kind nutzt die Grammatik weitestgehend korrekt

Phase 4 – 5 – 6 Jahre

- Sprachentwicklung des Kindes weitestgehend abgeschlossen (Wortschatz ca. 1500 – 5000 Wörter)

Die Kinder in diesem Alter verstehen die **grammatikalischen Grundregeln** der Sprache. Dies wird auch durch eine falsche Anwendung deutlich, wie etwa: „Ich habe den Ball gewerft". Die Grundregel ist verstanden, aber wird noch falsch angewendet. Sie können nun auch **ganze Sätze**, also „Subjekt-Verb-Objekt-Sätze", bilden. **Nebensätze** verbinden sie mittlerweile schon durch Wörter wie „und", „oder" oder „aber". Anschließend kommen weitere Fortschritte hinzu. So beziehen die Kinder nach und nach auch **zeitliche Dimensionen** mit ein, wie „morgen" oder „eben gerade". Dieser wichtige Sprachentwicklungsprozess ist in der Regel bis zum Ende des **vierten Lebensjahres** dadurch abgeschlossen, dass die Kinder die **meisten sprachlichen Fähigkeiten** erworben haben. (Vgl. kita.de)

Zunächst sind diese neuen Lernschritte noch etwas holprig. Im Laufe der Zeit werden Kinder jedoch stets sicherer und fließender im Sprechen. Ihre Sätze werden länger und die Aussprache immer deutlicher. Sie üben durch den **Dialog mit Erwachsenen**: Sie erzählen gern von sich und den eigenen Erlebnissen und Gedanken. Nach und nach wird das Erzählte flüssiger und grammatikalisch immer korrekter.

Letztlich sind die Kinder auch immer besser in der Lage, ihrem Gegenüber über einen längeren Zeitraum zuzuhören. Man kann durchaus sagen, dass die Sprachentwicklung im Alter von **sechs Jahren** weitestgehend abgeschlossen ist, wobei der Wortschatz noch wächst.

Am **Ende der Kita-Zeit** verwendet ein Kind aktiv ungefähr 5 000 Wörter, wobei der passive Wortschatz, also das, was das Kind versteht, noch viel größer ist. (Vgl. Borcherding 2010, S. 13)

Hinweis
An dieser Stelle soll noch einmal betont werden, dass der Verlauf der Sprachentwicklung bei jedem Kind individuell ist. Er steht im direkten Zusammenhang mit der Sprachanregung und den Sprachvorbildern.

FESTSTELLUNG EINES SPRACHFÖRDERBEDARFS

Es gibt viele verschiedene Verfahren, die es pädagogischen Fachkräften ermöglichen, den Sprachförderungsbedarf von Kindern in der Kita zu ermitteln. Für Fachkräfte, die in der Regel nicht über eine logopädische oder sprachtherapeutische Ausbildung verfügen, ist das **systematische Beobachtungs- und Dokumentationsverfahren** zur Erfassung der Sprachentwicklung beim Kind passend.

Die Beobachtungen erfolgen im Kita-Alltag. Um gezielt beobachten zu können, wurden Frageraster entwickelt, die sich auf gezielte Aspekte konzentrieren. Sie haben das Ziel, den Verlauf der Sprachentwicklung des Kindes kontinuierlich zu dokumentieren und darüber hinaus einen möglichen Sprachförderbedarf des Kindes zu erkennen.

Auf Grundlage dieser Beobachtungen bzw. der Dokumentationen können **Maßnahmen zur Sprachbildung und Sprachförderung** abgeleitet und in der Kita umgesetzt werden.

Die Beobachtungsbögen sind nicht als diagnostisches Instrument zu verstehen. Vielmehr dient das strukturierte Beobachtungs- und Dokumentationsverfahren der Einschätzung der alltäglichen Sprachentwicklung eines jeden Kindes.

Im Folgenden werden einige gängige Beobachtungs- und Dokumentationsverfahren näher vorgestellt.

sismik und seldak

Das strukturierte Beobachtungs- und Dokumentationsverfahren seldak (Ulich & Mayr 2006a) ist für einsprachig aufwachsende deutsche Kinder entwickelt worden, während sismik (Ulich & Mayr 2006b) für Kinder mit Migrationshintergrund konzipiert ist.

Beide Verfahren dienen dazu, das Sprachverhalten des Kindes in unterschiedlichen alltäglichen Situationen in der Kita einzuschätzen sowie die

Lautbildung, den Umfang des Wortschatzes und das Beherrschen grammatikalischer Strukturen zu erfassen. Außerdem lässt sich durch die Verfahren auch die Sprachhandlungskompetenz eines Kindes bestimmen. Darüber hinaus kann sismik einen Einblick in den Umgang des Kindes mit seiner Familiensprache und in das Interesse des Kindes an Sprache geben. (Vgl. Grieper 2016)

Literaturinfo

- Ulich, M. & Mayr, T. (2006a): seldak – Sprachentwicklung + Literacy bei deutschsprachig aufwachsenden Kindern. 10 Beobachtungsbögen mit Begleitheft, *Verlag Herder: Freiburg im Breisgau.*
- Ulich, M. & Mayr, T. (2006b): sismik – Sprachverhalten und Interesse an Sprache bei Migrantenkindern in Kindertageseinrichtungen. 10 Beobachtungsbögen mit Begleitheft, *Verlag Herder: Freiburg im Breisgau.*

liseb

liseb (Kieferle, Mayr & Schauland 2014) bedeutet „Literacy und Sprachentwicklung beobachten" und wurde zur Beobachtung von Kleinkindern entwickelt. Das Verfahren ist sowohl für die Beobachtung der Sprachentwicklung von deutschsprachigen Kindern als auch von Kindern mit Deutsch als Zweitsprache geeignet. (Vgl. KiTa.NRW 2014, S. 16) Ebenfalls geht es bei diesem Verfahren nicht um Diagnostik, sondern um die Sensibilisierung ungünstiger Sprachentwicklungsverläufe eines Kindes.

Literaturinfo

- Kieferle, C.; Mayr, T. & Schauland, N. (2014): liseb – Starterpaket: Je 5 Beobachtungsbögen Anfänger und Fortgeschrittene und 1 Begleitheft, *Verlag Herder: Freiburg im Breisgau.*

BaSiK

BaSiK (Zimmer et al. 2014) bedeutet „Begleitende alltagsintegrierte Sprachentwicklungsbeobachtung in Kindertageseinrichtungen". Die Beobachtungs- und Dokumentationsbögen sind hier nach Altersstufen differenziert. So gibt es einen Bogen für Kinder von eins bis drei Jahren (BaSiK-U3) sowie einen Bogen für Kinder von drei bis sechs Jahren (BaSiK-Ü3). (Vgl. KiTa.NRW 2014, S. 16) Das Verfahren bietet für Kinder, deren Erstsprache nicht Deutsch ist, spezielle Auswertungsmöglichkeiten an.

Literaturinfo

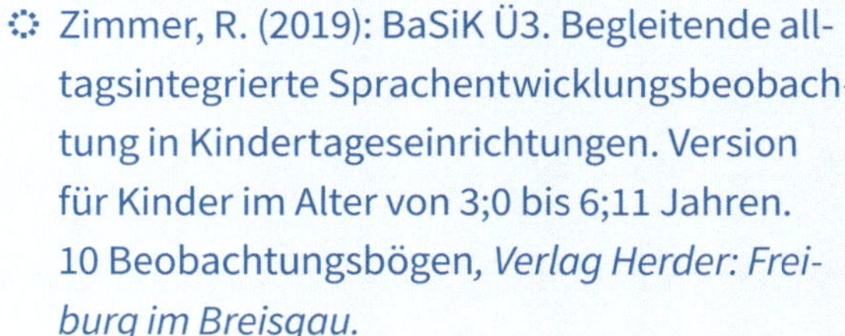

- Zimmer, R. (2019): BaSiK Ü3. Begleitende alltagsintegrierte Sprachentwicklungsbeobachtung in Kindertageseinrichtungen. Version für Kinder im Alter von 3;0 bis 6;11 Jahren. 10 Beobachtungsbögen, *Verlag Herder: Freiburg im Breisgau.*
- Zimmer, R. (2019): BaSiK. Begleitende alltagsintegrierte Sprachentwicklungsbeobachtung in Kindertageseinrichtungen – Manual, *Verlag Herder: Freiburg im Breisgau.*

Weitere Verfahren zur Einschätzung der Sprachentwicklung

Neben den genannten Beobachtungs- und Dokumentationsverfahren *sismek, seldak, liseb* und *BaSiK* gibt es auch noch andere Verfahren, deren Anwendung in der Kita unter bestimmten Bedingungen möglich ist.

So können beispielsweise **Screenings** zu einer groben Orientierung, ob bei einem Kind ein Förderbedarf besteht oder nicht, eingesetzt werden. Aus dem individuellen Screening geht nicht hervor, was im Speziellen und wie genau die Sprachkompetenz eines Kindes gefördert werden kann.

Außerdem gibt es **Tests** zur Erfassung der Sprachentwicklung eines Kindes. Diese sollten jedoch lediglich von geschulten Fachleuten durchgeführt werden und eignen sich damit nicht für pädagogische Fachkräfte und den Einsatz in der Kita.

Auch das **Erstellen einer Profilanalayse** (Lernprofil des Kindes wird analysiert, Entwicklungsverläufe dokumentiert) ist für die Kita zu umfangreich. Die pädagogischen Fachkräfte müssten über ein umfassendes linguistisches Wissen verfügen, damit dieses Verfahren von ihnen angewandt werden kann. (Vgl. Beck, von Dewitz & Titz 2016)

Daneben gibt es auch **freie Formen der Dokumentation der Sprachentwicklung**, wie beispielsweise das Portfolio, ein Wortschatz-Tagebuch oder ein Sprachlernbuch. Problematisch an diesen freien Dokumentationsformen ist, dass sie stets von der individuellen Wahrnehmung der beobachtenden Person und deren persönlicher Einschätzung gelenkt werden kann. (Vgl. kitalino.com)

Digitale Medien als Ergänzung für die Dokumentation

Es ist sinnvoll für das Kind, die pädagogischen Fachkräfte und auch für die Eltern, wenn die Sprache des Kindes in zeitlichen Abständen auch digital aufgenommen wird. Die **sprachliche Entwicklung** kann so **hörbar** gemacht werden und bei Bedarf wieder angehört werden. Damit sind Erfolgserlebnisse nachvollziehbarer für die Kinder selbst und für ihre Bezugspersonen. Die Sprachaufnahmen können von den pädagogischen Fachkräften als Grundlage für die Besprechung im Team oder auch bei Elterngesprächen Verwendung finden. Dadurch kann die Sprachentwicklung und die -förderung eines Kindes veranschaulicht werden.

Gut zu wissen

In jedem Bundesland gibt es andere Empfehlungen für Verfahren zur Sprachentwicklungseinschätzung und -förderung. (Vgl. Dietz & Lisker 2008, S. 13–25) Strukturierte Beobachtungs- und Dokumentationsverfahren, wie die Verfahren sismik, seldak, liseb oder BaSiK, entsprechen generell den Kompetenzen pädagogischer Fachkräfte, wenn diese den Sprachförderbedarf bei Kindern einschätzen möchten.

WENN EINE SPRACHENTWICKLUNGSSTÖRUNG VERMUTET WIRD ...

Der Begriff „Sprache“ ist ein Oberbegriff für ein **komplexes System** von Sprachverständnis, Sprechfähigkeit (Aussprache) und Stimme (Klang der Sprache).

Durch den Besuch in der Kita und das dort sprachanregende Umfeld lernt das Kind quasi von selbst das Sprechen. Lernt es dieses nicht, so müssen die **organischen Voraussetzungen**, die das Sprechenlernen ermöglichen, von ärztlicher Seite aus geprüft werden. Dabei werden u. a. folgende Fragen geprüft:

- Ist das Hörvermögen eingeschränkt?
- Wie ist die kognitive Entwicklung des Kindes?
- Stehen die Stellungen der Zähne, der Zunge und des Gaumens der Sprachentwicklung im Wege?

FESTSTELLUNG DES SPRACHFÖRDERBEDARFS

Wenn erfahrenen pädagogischen Fachkräften etwas „komisch" vorkommt, beispielsweise wenn sich die oftmals normale Artikulationsschwierigkeit eines Kindes oder die grammatikalischen Fehler nicht „von selbst" erübrigen und diese über einen langen Zeitraum nicht (mehr) zur durchschnittlichen Altersangabe passen, so sollte das Kind zu einer **kinderärztlichen Diagnostik**.

Hinweis

Pädagogische Fachkräfte sind weder medizinisch noch therapeutisch ausgebildet. Sie dürfen keine ärztlichen Diagnosen stellen.

Literaturinfo

Wendlandt, W. (Hrsg.) (2017): Sprachstörungen im Kindesalter. Materialien zur Früherkennung und Beratung, *Thieme: Stuttgart.*

3.

GEZIELTE SPRACHFÖRDERUNG IN KLEINGRUPPEN

GEZIELTE SPRACHFÖRDERUNG IN KLEINGRUPPEN

Sprachförderung sollte von pädagogischen Fachkräften möglichst in kleinen Gruppen angeboten werden. Hier ist eine intensive Zuwendung zu einzelnen Kindern besonders gut möglich. In größeren Gruppen würde diese möglicherweise zu kurz kommen.
Die im folgenden genannten Praxisvorschläge sind so konzipiert, dass sie in nahezu jedem Fall noch an die entsprechende Zielgruppe spezifisch angepasst werden können.

DIE GRUPPE ZUR SPRACHFÖRDERUNG

Es ist zu empfehlen, dass die Gruppe der Kinder, denen gezielt Sprachförderung zugutekommen soll, möglichst **homogen** zusammengesetzt wird. Das bedeutet insbesondere, dass die Kinder einen **ähnlichen Sprachstand** haben. Darüber hinaus ist es aber auch wichtig, dass die Kinder vom sonstigen Entwicklungsstand her homogen sind, um Freude an den Themen und Aktivitäten der Förderstunden zu haben.

Sind viele Kinder in einer Kita, die Sprachförderung zur Unterstützung ihrer Sprachbildung benötigen, sollten im Idealfall **mehrere Kleingruppen** zusammengestellt werden. Damit die Kinder in einen wirklichen Dialog kommen, sollten **nicht mehr als fünf Kinder** in einer Gruppe sein.

Kommunikation, also miteinander sprechen, und die **Qualität der Beziehung** sind nicht voneinander zu trennen. Es sollte deshalb auch darauf geachtet werden, dass Kinder in einer Sprachfördergruppe sind, die sich grundsätzlich mögen und verstehen. Wer teilt sich schon gern einem Menschen mit, den er nicht leiden kann? Wer hört gern jemandem zu, den er ablehnt? In der Kita bekommen Kinder oftmals einen guten Kontakt über gemeinsame Spielthemen und gleiche Interessen.

Wie heißt die Gruppe?

Es wäre stigmatisierend und auch nicht kindgerecht, wenn die Gruppe defizitorientiert lediglich „Sprachfördergruppe" genannt werden würde. Das würde zu keinem guten Selbstkonzept und Selbstwertgefühl der Kinder beitragen. Sie wissen von allein, an welchen Stellen sie Defizite haben, wenn sie im Alltag an ihre Grenzen stoßen. Das Gefühl, aufgrund dessen ausgesondert zu werden, kann das Selbstkonzept und Selbstwertgefühl des Kindes erheblich schwächen.

Die Gruppe zur Sprachförderung kann deshalb beispielsweise einfach „Geschichtengruppe" (bezogen auf die immer wiederkehrenden Einstiegsgeschichten) oder „Spielegruppe" (schließlich werden dort Spiele durchgeführt) heißen. Daneben ist es auch möglich, dass die Kinder sich beim ersten Gruppentreffen zusammen einen **eigenen Gruppennamen** überlegen (z. B. „Delfingruppe" oder „Quatschgruppe"). Hierzu können sie ein Plakat gestalten, was bei jedem Treffen außen an die Gruppentür gehängt wird.

Wo trifft sich die Gruppe?

Die Gruppe zur Sprachförderung braucht einen **separaten Raum** für die Durchführung der Sprachförderstunden. Es ist auch denkbar, die Stunden in einem anderen, gerade nicht genutzten Raum, beispielsweise im Aufenthaltsraum für Mitarbeitende, Kita-Büro, Kinderatelier oder Bewegungsraum zu machen. Hilfreich für einen unkomplizierten Ablauf ist es, wenn alle Materialien für die Sprachförderung in dem Raum gelagert werden können. Hierfür reicht ein Platz im Regal oder in einer Kiste.

Wann und wie lange findet die Sprachförderung statt?

Um einen positiven Effekt zu erzielen, müssen die Treffen zur Sprachförderung **kontinuierlich und regelmäßig** stattfinden. Nach der Eingewöhnungszeit der neuen Kita-Kinder sollte die Sprachförderung **2-mal pro Woche** im gesamten Kita-Jahr durchgeführt werden. Damit sich alle Beteiligten darauf einstellen können, sollte es einen **festen Tag** mit einer **festen Anfangszeit** geben. Die Dauer der wöchentlichen Treffen sollte auf **30 bis 40 Minuten** begrenzt werden. Je jünger die Kinder sind, desto weniger lang ist ihre Aufmerksamkeitsspanne. Es kann also gut vorkommen, dass in den letzten 15 Minuten auch frei gespielt wird. Dies hängt vom Entwicklungsstand der Kinder und ihren gegenwärtigen Bedürfnissen ab.

Grobe Struktur zum Ablauf der Sprachförderung

Die Treffen der Gruppe zur Sprachförderung sollten einen **wiederkehrenden Ablauf** haben, der für die teilnehmenden Kinder erkennbar ist. Jedes Treffen kann beispielsweise damit beginnen, dass das Gruppenplakat an die Tür gehängt wird oder/und ein gemeinsamer Spruch oder ein Lied gesungen wird.

Eine **feste Struktur** gibt den Kindern Sicherheit. Schließlich kann es aufregend und verunsichernd sein, sich in einer besonderen Gruppe außerhalb des Gruppenraumes zu treffen.

Auch wenn die Förderzeit nicht ganz ausgeschöpft wird, weil die Planung der pädagogischen Fachkraft nicht mit den Bedürfnissen und den Interessen der Kinder übereinstimmt, sollte es ebenso jedes Mal einen gemeinsamen Abschluss mit einem Ritual geben (z. B. Vers oder Lied).

THEMEN DER SPRACHFÖRDERUNG

Neben einer festen, wiederkehrenden Struktur der Treffen zur Sprachförderung ist es auch von Vorteil, wenn sich die Sprachförderangebote pro Treffen mit einem **Thema aus dem Alltag** der Kinder beschäftigen. Dadurch wird die Neugierde der Kinder geweckt und sie bleiben interessiert dabei.

Im nächsten Kapitel (ab S. 27), dem Praxisteil dieses Buches, werden **zehn** in sich thematisch geschlossene **Sprachübungskomplexe** vorgestellt, die sich zur Sprachförderung von Kita-Kindern eignen.

Folgende Themenbereiche gibt es:

1. *Das bin ich! Und wer bist du?*
2. *Sinne*
3. *Mein Körper*
4. *Gefühle*
5. *Mein Tag*
6. *Essen und Trinken*
7. *Superheld*innen*
8. *Zirkus*
9. *Wetter*
10. *Übernachtung in der Kita*

Jeder Sprachübungskomplex in diesem Buch (und so auch jede Förderstunde) beginnt mit einer **Einstiegsgeschichte zum Vorlesen**. Diese stimmt auf das jeweilige Thema ein und die Übungen und Spiele der Förderstunde nehmen Bezug darauf. Die Geschichten sind für Kinder, die wenig Deutsch verstehen, sehr komplex. In einem solchen Fall müssten die pädagogischen Fachkräfte das Vorlesen mit viel Gestik, Mimik und Körpersprache unterstützen. Damit können die Kinder der Geschichte folgen, auch wenn sie nicht jedes Wort explizit kennen. Zu jeder Geschichte sind **Impulsfragen** vorgeschlagen, die die Kinder zum Sprechen anregen können.

Die genaue Auswahl und Anzahl der **Übungen und Spiele** richtet sich nach den Möglichkeiten der Kinder. Um die Auswahl zu erleichtern, sind die Spiele und Übungen **mit Varianten** angegeben. Für Kinder, die noch über keine bis sehr wenig Deutschkenntnisse verfügen, sind keine expliziten Sprachförderideen beschrieben. Das würde den Rahmen hier sprengen.

Die Angaben der jeweiligen **Sprachkompetenzbereiche** sind lediglich als Schwerpunkt zu verstehen. In der Praxis werden mehrere oder auch alle Kompetenzbereiche bei einer Übung oder einem Spiel angesprochen und damit auch gefördert.

PÄDAGOGISCHE FACHKRÄFTE SIND SPRACHVORBILDER

Selbstverständlich ist Sprachförderung in der pädagogischen Praxis nicht auf die einzelnen Sprachförderstunden in Kleingruppen beschränkt. Wie schon beschrieben, findet die **Unterstützung der Sprachbildung** der Kinder **permanent** in der Kita statt – und Sprachförderung letztendlich auch. Pädagogisches Fachpersonal weiß, dass dies ein fester Bestandteil der pädagogischen Arbeit mit Kindern ist. Kinder übernehmen die Sprache ihrer Bezugspersonen.

Im Trubel des Kita-Alltages sollten Fachkräfte **regelmäßig reflektieren**, ob sie ein positives Sprachvorbild für die Kinder sind. Sie sollten ihr eigenes Sprachverhalten und ihren Kommunikationsstil kritisch betrachten und überprüfen. Dies kann beispielsweise mit Videoaufzeichnungen geschehen, welche die Fachkraft in Ruhe auswerten kann, oder auch durch Feedbacks aus dem Kollegenkreis.

Das beste Sprachförderkonzept ist nicht praxistauglich, wenn die pädagogische Fachkraft kein **hilfreiches Sprachvorbild** für das Kind ist.

Impulsfragen zur Reflexion

- Nehme ich wahr, wenn ein Kind mich anspricht? Wie reagiere ich darauf?
- Habe ich eine dem Kind zugewandte Körperhaltung?
- Gebe ich dem Kind mit meiner Körperhaltung, Mimik, Gestik und meinem Blickkontakt zu verstehen, dass ich ihm zuhöre?
- Höre ich dem Kind tatsächlich aufmerksam zu? Falls nicht, warum nicht?
- Lasse ich das Kind ausreden? Wenn nicht, wann unterbreche ich das Kind? Warum unterbreche ich das Kind?
- Was tue ich, wenn ich etwas nicht verstehe? Frage ich nach? Falls nicht, warum nicht?
- Spreche ich auf eine Weise so, dass mich das Kind versteht? (laut, deutlich, angemessenes Sprechtempo)
- Ist meine Wortwahl dem Kind gegenüber angemessen? Kennt es die Wörter?
- Gelingt es mir, dem Kind noch unbekannte Wörter im Zusammenhang zu verdeutlichen?
- Spreche ich zu dem Kind in ganzen Sätzen? Falls nicht, warum nicht?
- Begleite ich mein Handeln dem Kind gegenüber sprachlich?
- Begleite ich das Handeln des Kindes sprachlich?
- Bekommt das Kind von mir nach dem Sprechen ein wertschätzendes Feedback? Wie sieht das aus? Wenn nicht, warum nicht?
- Verbessere ich Fehler des Kindes durch ein korrigierendes, indirektes Wiederholen?

FEHLERHAFTE SPRACHE INDIREKT VERBESSERN

Kinder sollten nicht direkt korrigiert werden. Wer permanent von seinem Gegenüber verbessert wird, wird sicher nicht mehr gern mit ihm sprechen wollen.

Mit folgenden Tipps können pädagogische Fachkräfte indirekt auf sprachliche Fehler der Kinder reagieren:

- Macht das Kind grammatikalische Fehler, sollte die pädagogische Fachkraft das vom Kind Gesagte **grammatikalisch richtig** wiederholen. (z. B. „Ich gehte zu Oma." – „Du gingst zu Oma. Und was hast du dort gemacht?")
- Spricht ein Kind in nicht vollständigen Sätzen, sollte die pädagogische Fachkraft das Gesagte des Kindes im **vollständigen Satz** wiederholen. (z. B. „Möchte haben." – „Du möchtest das Brötchen haben? Hier ist es.")
- Spricht ein Kind sehr undeutlich, sollte die pädagogische Fachkraft fragend antworten. (z. B. „Habe ich das richtig verstanden, dass du das Brötchen haben möchtest?")

NACHBEREITUNG NICHT VERGESSEN!

Jedes Treffen mit der Sprachfördergruppe sollte nachbereitet werden. Es empfiehlt sich, dass sich die pädagogische Fachkraft **ca. zehn Minuten** dafür Zeit nimmt. Sie sollte sich zu jedem Kind Notizen machen können und benötigt dafür einige Minuten, die es gilt, fest einzuplanen. Vieles vergisst man sonst im Laufe des oft trubeligen Kita-Alltages wieder. Fortschritte der Kinder können dadurch „übersehen" werden. Es ist sinnvoll, sich direkt nach der gemeinsamen Sprachförderzeit **stichpunktartig** zu jedem Kind etwas schriftlich festzuhalten.

Folgende **Leitfragen** können dabei helfen:

- Was hat das Kind gemacht?
- Wie hat das Kind die Aufgaben heute sprachlich gemeistert?
- Was ist bei dem Kind besonders aufgefallen?

Gut zu wissen

Für jedes Kind könnte ein kleines Notizheft in der Kita vorhanden sein, welches Beobachtungen zur Sprachentwicklung dokumentiert und festhält.

SPRACHÜBUNGSKOMPLEXE ZUR FÖRDERUNG VON KITA-KINDERN

1. DAS BIN ICH! UND WER BIST DU?

In diesem Sprachübungskomplex geht es um das Kennenlernen. Möglicherweise kommen die Kinder aus unterschiedlichen Gruppen der Kita zur Sprachförderung zusammen. Sie werden im Laufe des Kita-Jahres etwa 2-mal pro Woche in dieser für sie neuen Gruppenkonstellation miteinander Zeit verbringen. Ein positiver Einstieg erhöht die Wahrscheinlichkeit, dass eine gelöste Atmosphäre in der Gruppe entsteht. Das ist Voraussetzung dafür, dass die Kinder angstfrei und spielerisch gemeinsam agieren können.

Rieke und Djamal stellen sich vor

Das ist Rieke. Sie ist vier Jahre alt. Sie geht in die Kita an der großen Straße. Sie geht sehr gern zur Kita. Auch in die Ferienbetreuung. Rieke geht in die Bärengruppe und ihr Zeichen am Kleiderhaken in der Garderobe und an ihrem Fach ist ein Fisch. Das passt gut zu ihr, denn Rieke ist auch gern im Wasser. Am liebsten ist sie im Hallenbad mit der langen Rutsche.

Rieke hat einen Freund. Er heißt Djamal. Er ist schon fünf Jahre alt. Zum Glück ist Djamal auch in der Bärengruppe. So können die beiden jeden Tag zusammen spielen. Am liebsten spielen die beiden ein Kartenspiel. Draußen auf dem Spielplatz spielen Rieke und Djamal auch sehr gern, dass sie Forscher und Forscherin sind. Sie haben schon eine ganze Menge erforscht. Beispielsweise, dass man auf Blättern, die vom Baum fallen, nicht gut mit Stiften malen kann.

Rieke und Djamal haben viel gemeinsam: Beide essen am liebsten Schokoladeneis. Beide spielen nicht gern Fußball. Und beide sind auch immer für die Ferienbetreuung in der Kita angemeldet.

Es gibt aber auch vieles, was bei ihnen nicht gleich ist: Rieke hat eine große Schwester. Djamal dagegen hat einen kleinen Bruder. Rieke mag gern Fische. Djamal findet Fische ekelig. Er liebt alle Tiere, die ein weiches Fell haben, wie z. B. Hunde.

Fragen an die Kinder:

- Wie ist dein Zeichen in der Kita?
- Was spielst du am liebsten in der Kita?

Im Download
Bildkarte 1: Rieke und Djamal

1. DAS BIN ICH! UND WER BIST DU?

Ich bin Rieke und esse gern Eis!

Förderschwerpunkt: Grammatik
(Die Kinder wiederholen das sprachliche Prinzip: „Was machst du gern?“ – „Ich ...“)

Material: Bildkarte 1

Vorbereitung: Drucken Sie Bildkarte 1 aus (s. Download-Material) und legen Sie sie für das Angebot bereit.

So geht’s

Die Kinder stehen im Kreis. Zeigen Sie auf das Bild von Djamal. Das ist Djamal und er fährt gern Roller. Machen Sie eine entsprechende Bewegung und fragen Sie: „Fahrt ihr auch gern mit dem Roller?“ Alle Kinder machen die entsprechende Bewegung.

Zeigen Sie dann auf Rieke und sagen Sie: „Das ist Rieke. Sie isst gern Eis.“ Machen Sie dazu eine entsprechende Geste und fragen Sie die Kinder: „Esst ihr auch gern Eis?“ Alle machen daraufhin eine Eis-Schleck-Geste.

Fragen Sie das Kind neben sich: „Was machst du gern?“ Das Kind antwortet beispielsweise: „Ich springe gern auf dem Trampolin!“ Das Kind springt auf der Stelle. Fragen Sie die Gruppe: „Springt ihr auch gern auf dem Trampolin?“ Alle Kinder hüpfen.

Fragen Sie das nächste Kind: „Was machst du gern?“ Das Kind antwortet und macht die Bewegung dazu. Nach diesem Prinzip geht es weiter, bis jedes Kind einmal an der Reihe war.

Leichte Variante

Stellen Sie eine Frage und die Kinder antworten mit „Ja!“ oder „Nein!“.

Beispielfragen:

- Isst du gern Eis?
- Springst du gern in die Luft?
- Schaukelst du gern auf der Schaukel?
- Fährst du gern mit dem Bus?

Schwere Variante

Die Kinder stehen im Kreis und spielen das Spiel nach dem Konzept von „Ich packe meinen Koffer“. Das Kind, welches an der Reihe ist, wiederholt alles, was bisher gesagt wurde, mit den entsprechenden Bewegungen und hängt abschließend eine eigene Bewegung an. Das Sprachprinzip geht wie folgt: „Ich bin Maya und ich springe gern auf dem Trampolin.“ Dann ist das nächste Kind an der Reihe und sagt: „Das ist Maya und sie springt gern auf dem Trampolin. Ich bin Tilo und streichle gern einen Hund.“ Das nächste Kind ist nun dran: „Das ist Maya und sie springt gern auf dem Trampolin. Das ist Tilo und er streichelt gern einen Hund und ich bin Samanta und kitzle gern meine Oma.“ Die Bewegungen werden dabei immer von allen Kindern mitgemacht.

1. DAS BIN ICH! UND WER BIST DU?

Das mache ich gern!

Förderschwerpunkt: Erzählfertigkeit
(Die Kinder erzählen von Erfahrungen und Erlebnissen.)

Material: Bildkarten 2 und 3, je einen Spielstein pro Kind, Tisch und Stühle

Vorbereitung: Drucken Sie die Bildkarten 2 und 3 aus (s. Download-Material) und legen Sie sie für das Angebot bereit. Legen Sie das Papier auf den Tisch. Jedes Kind darf sich einen Spielstein aussuchen.

So geht's

Setzen Sie sich mit den Kindern an einen Tisch und legen Sie die Bildkarten auf den Tisch für alle sichtbar aus.

Benennen Sie eine Tätigkeit, die auf einer der Bildkarten abgebildet ist. Formulieren Sie eine Frage dazu, z. B.: „Wer von euch fährt gern mit dem Bus?“ Die Kinder, die gern mit einem Bus fahren, legen ihren Spielstein auf das passende Bild. Nehmen Sie dies als Anlass zum Erzählen (und gegenseitigen Kennenlernen). Alle können nun nacheinander jedem Kind, das den Stein auf dem Bild hat, Fragen stellen, die zum Erzählen anregen.

Beispielfragen:

- Wohin bist du schon einmal gefahren?
- Was hast du dabei gesehen?
- Wie viele Menschen waren im Bus?
- Wer badet gern in einem See?
- Wer war mit dir im See baden?
- Wie seid ihr zum See gekommen?
- Hattest du Schwimmflügel an?
- Waren auch Tiere im See? Welche Tiere waren es?
- Würdest du gern einmal in einem See baden?

Bei den Antworten geht es nicht darum, dass die Kinder sich an die Wahrheit halten. Manche Kinder bringen ihre Wünsche zum Ausdruck. Das darf auch sein. Vielmehr geht es darum, dass die Kinder erzählen und sich miteinander unterhalten.

Im Download
Bildkarte 2 und 3: Lieblingsbeschäftigungen

Begrüßungstanz

Förderschwerpunkt: Kommunikationsfähigkeit
(Die Kinder nehmen Bezug aufeinander und begrüßen sich in ihren Familiensprachen.)

Material: Musik und Abspielgerät

Vorbereitung: Erkundigen Sie sich vorab, welche Sprachen die teilnehmenden Kinder sprechen. Es sollten alle Sprachen der Kinder in diesem Angebot Berücksichtigung finden. Dadurch erfahren die Kinder eine Wertschätzung ihrer Familiensprache.

So geht's

Überlegen Sie gemeinsam mit den Kindern, mit welchem deutschen Wort man sich begrüßen kann (z. B. „Hallo!“, „Hi!“, „Guten Tag!“ oder „Huhu!“). Vielleicht sprechen einige Kinder auch noch andere Sprachen und erzählen an dieser Stelle, was man in der jeweiligen Sprache zur Begrüßung sagt. Beispielsweise „Merhaba!“ auf Türkisch oder „Witam!“ auf Polnisch.

Geben Sie vor, mit welchem Begrüßungswort sich alle gleich begrüßen (z. B. „Hallo!“). Alle Kinder bewegen sich zur Musik durch den Raum. Stoppt die Musik, gehen die Kinder schnell von Kind zu Kind, geben sich die Hand, schauen sich kurz in die Augen und sagen: „Hallo!“ Das nächste Begrüßungswort wird festgelegt, z. B. „Merhaba!“. Die Musik beginnt und die Kinder bewegen sich wieder kreuz und quer durch den Raum. Beim Stopp der Musik laufen sie schnell aufeinander zu und begrüßen sich auf Türkisch usw.

Leichte Variante

Die Kinder suchen sich nur ein Kind und begrüßen es. (Bei einer ungeraden Kinderanzahl sollten Sie oder eine andere pädagogische Fachkraft mitmachen.)

Schwere Variante

Es werden andere Gesten zur Begrüßung vereinbart, wie z. B. sich voreinander verbeugen oder Hände abklatschen.

Oder

Die Kinder denken sich vor jeder Spielrunde ein Quatschwort zur Begrüßung aus, beispielsweise: „Kuckelimuggel!“

Alarm! Was für eine verdrehte Geschichte

Förderschwerpunkt: Sprachverständnis
(Die Kinder sollen in einer Beschreibung einen inhaltlichen Fehler heraushören.)

Material: Sitzkissen oder Stühle

Vorbereitung: Stellen Sie so viele Stühle, wie Kinder bei diesem Angebot mitmachen, zu einem Stuhlkreis zusammen. Oder legen Sie eine passende Anzahl an Kissen bereit.

So geht's

Fordern Sie die Kinder auf, Ihnen gleich ganz aufmerksam zuzuhören. Beschreiben Sie dann ein (anwesendes) Kind aus der Gruppe und bauen Sie dabei Fehler ein. Wird ein Fehler entdeckt, ahmen die Kinder ganz laut einen Alarmton nach.

Beispielbeschreibungen:

- Piet hat zwei Arme und zwei Hände. An jeder Hand hat er fünf Finger. Seine Haare sind braun und reichen bis zum Boden. ALARM! Die Haare reichen ihm bis zu den Schultern und nicht bis zum Boden.
- Ayla hat braune Augen und schwarze Haare. Sie hat ein Kleid an. Das Kleid ist weiß. Auf dem Kleid ist ein Bagger zu sehen. ALARM! Es ist eine Katze und kein Bagger!
- Ole hat eine bunte Hose an. Und einen Pullover. Auf dem Pullover ist ein Gespenst zu sehen. Auch auf seinen Hausschuhen sind Gespenster. Er hat drei Hausschuhe an. ALARM! Er hat nur zwei Hausschuhe, an jedem Fuß einen.

Leichte Variante

Wählen Sie ein langsames Sprechtempo.

Schwere Variante

Wählen Sie ein schnelleres Sprechtempo.

Das schnapp ich mir!

Förderschwerpunkt: Artikulation
(Die Kinder machen gezielte Mundbewegungen und fordern/fördern damit ihre Mundmotorik.)

Material: Schnur, Faden, Schere, Süßigkeiten mit einem Loch (z. B. Weingummischnuller oder Salzbrezelgebäck)

Vorbereitung: Die Schnur wird etwas über Kinderkopfhöhe im Raum aufgehängt. Ein Stück Faden wird um eine Süßigkeit geknotet und an die Schnur gehängt, sodass die Süßigkeiten oder das Gebäck auf Kopfhöhe der Kinder sind.

So geht's

Die Kinder erzählen, welche der Süßigkeiten sie gern mögen. Ohne die Hände als Hilfe zu benutzen, holen sie mit dem Mund die Süßigkeiten, die sie essen möchten, von der Schnur. Sie dürfen sie dann aufessen bzw. so abknabbern, dass sie den Faden nicht verschlucken!

Leichte Variante

Die Hände dürfen als Hilfe benutzt werden.

Schwere Variante

Die Kinder dürfen eine ausgerollte Lakritz- oder Weingummischnecke, die über die Schnur gelegt wird, ohne Hilfe ihrer Hände aufessen.

Hinweis

Achten Sie bei der Auswahl der Süßigkeiten oder Gebäckteile unbedingt auf eventuelle Lebensmittelunverträglichkeiten der Kinder! Es sollten auch nicht zu „süße“ Süßigkeiten in der Kita Verwendung finden und Sie können das Spiel zusätzlich zum Anlass nehmen, um mit den Kindern über Mundhygiene und gesunde Ernährung zu sprechen.

1. DAS BIN ICH! UND WER BIST DU?

Unter der warmen Wörter-Dusche

Förderschwerpunkt: Wortschatzerweiterung
(Die Kinder finden unterschiedliche positive Worte für ein anderes Kind.)

Material: Stühle

Vorbereitung: Stellen Sie so viele Stühle, wie Kinder bei diesem Angebot mitmachen, zu einem Stuhlkreis zusammen. Ein zusätzlicher Stuhl kommt in die Kreismitte.

So geht's

Ein Kind beginnt (hier: Ayla) und setzt sich auf den Stuhl in die Kreismitte. Fragen Sie die anderen Kinder z. B.: „Wie ist Ayla?", „Was magst du besonders an Ayla?"

Fordern Sie die Kinder auf, nacheinander etwas Positives über Ayla (bzw. das Kind, welches in der Kreismitte sitzt) zu sagen und was es mit ihr (bzw. ihm) verbindet.

Beispielaussagen:

- Ayla hat immer einen schönen Zopf!
- Sie ist lustig.
- Sie kann gut ein Kartenspiel spielen.
- Ayla lacht ganz laut. Da muss ich auch lachen.
- Ayla hat großartige Hausschuhe.
- Ayla kennt sich gut mit Dinos aus.

Wenn jedes Kind etwas gesagt hat, darf ein anderes Kind sich in die Kreismitte setzen.

Die Kinder müssen sich für jedes Kind in der Kreismitte Zeit nehmen, sich Gedanken machen und ein Kompliment formulieren. Dabei dürfen sich die Aussagen nicht permanent wiederholen. Wenn nötig, korrigieren Sie sprachlich die Aussagen der Kinder durch richtiges Wiederholen. Helfen Sie auch dabei, die richtigen Worte zu finden und Sätze zu bilden, falls ein Kind dieses nicht kann.

2. SINNE     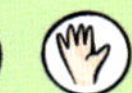

4.

Die Sprachförderungseinheit „Sinne" beschäftigt sich mit dem akustischen, dem visuellen, dem taktilen, dem olfaktorischen und dem gustatorischen Sinn. Den Kindern werden Sinneserfahrungen ermöglicht, die mit den entsprechenden Worten in einen Sinnzusammenhang gebracht werden können.

Djamal und das wabbelige Dings

Djamal und Rieke sitzen auf dem Außengelände ihrer Kita unter der großen Rutsche. „Was würdest du dir als Erstes kaufen, wenn du einen 10-Euro-Schein hier im Sand finden würdest?", fragt Rieke. Djamal überlegt. „Am liebsten so ein wabbeliges Ding." „Was soll das sein?", fragt Rieke. „Ja, diese wabbeligen Dinger. Wenn man sie quetscht, dann machen sie ‚Wfft, wfft'. Das fühlt sich ganz großartig in der Hand an. Und es hat so schöne Farben." Rieke überlegt und überlegt. Was könnte ihr Freund nur meinen? Sie hat keine Ahnung.

„Ich habe es bei Luise zu Hause gekriegt. Als wir vom Spielplatz kamen." Rieke hat immer noch keine Ahnung. „Dann hast du es ja schon. Wenn du es bei Luise bekommen hast. Dann brauchst du es dir ja nicht kaufen. Du musst etwas anderes sagen!", meint sie. „Das ist es ja gerade!", ruft Djamal. So langsam wird er genervt, weil Rieke nicht weiß, was er meint. „Es ist weg!" „Hast du es verloren? Frag Luise doch, ob sie es gefunden hat." „Nein, ich habe es nicht verloren." Jetzt wird Rieke ungeduldig. „Du hast doch gesagt, dass es weg ist! Dann hast du es also verloren, Djamal!" – „Habe ich nicht!", sagt er. „Wie soll es anders sein?", antwortet Rieke. Djamal steht auf und klopft sich den Sand von der Hose. „Ich gehe jetzt rein. Ist mir zu blöd hier." – „Mir auch!", schreit Rieke und rennt an ihm vorbei in die Kita.

Rieke setzt sich auf die Bank in der Garderobe. „Djamal kapiert auch nix. Und dann ist er auch noch sauer. Wenn ich zehn Euro finden würde, würde ich ihm nichts abgeben. Das ist schon einmal ganz klar." Djamal schlendert den Flur entlang. Er lässt sich neben Rieke auf die Bank plumpsen und streckt ihr die Hand entgegen. „Wollen wir uns wieder vertragen?" Rieke nimmt nicht seine Hand, sondern dreht sich um, sodass ihr Rucksack, der an der Garderobe hängt, direkt vor ihrer Nase baumelt. Sie hat einen Kloß im Hals. Natürlich will sie sich vertragen. Eigentlich gab es ja keinen richtigen Streit.

2. SINNE

Rieke macht ihren Rucksack auf und greift hinein. „Ach, da ist ja noch ein Obst-Quetschi! Lecker!" Normalerweise erlauben Riekes Eltern nicht, dass sie diesen Obstbrei in einer Plastikverpackung bekommt, weil dort nur so wenig drin ist, und dafür hat man ganz viel Plastikmüll, der nicht gut für die Umwelt ist. Gestern war sie mit Oma nach der Kita einkaufen. Oma hatte nichts gegen das Quetschi gehabt. Sie holt es heraus und flüstert Djamal zu: „Guck mal! Dreh dich mal um." Djamal dreht sich um und grinst, als er das Quetschi sieht. „Da ist ja das wabbelige Dings! Rieke! Das ist ja Wahnsinn!"

Jetzt versteht Rieke: Es ist wabbelig, wenn man es in die Hand nimmt und wenn man es in der Hand zusammendrückt, macht es ein Geräusch. Es fühlt sich großartig in der Hand an, kühl und wabbelig. Es hat wirklich viele schöne Farben auf der Verpackung; buntes Obst ist darauf zu sehen. Und wenn man es nicht mehr hat, dann hat man es nicht verloren, sondern aufgegessen! Vorsichtig macht Rieke den Verschluss auf. Sie grinst Djamal an, hält ihm das Quetschi vor die Nase und flüstert: „Du zuerst!"

Fragen an die Kinder:

- Was fühlt ihr gern?
- Was schmeckt ihr gern?
- Welche Farben seht ihr gern an?
- Welche Geräusche hört ihr gern an?

2. SINNE

  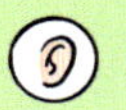 

4.

Das fühlt sich … an!

Förderschwerpunkt: Wortschatzerweiterung
(Die Kinder lernen oder festigen Adjektiv-Begriffe für Materialbeschaffenheiten.)

Material: Kissen, blickdichter Beutel, verschiedene Gegenstände zum Fühlen (z. B. Obst-Quetschi, kleines Kuscheltier, Bauklotz, großer Löffel, Luftballon, leere Toilettenpapierrolle usw.)

Vorbereitung: Legen Sie für jedes teilnehmende Kind ein Kissen in einen Sitzkreis im Gruppenraum bereit. Stellen Sie die Fühl-Gegenstände verdeckt in Reichweite.

So geht's

Die Kinder sitzen im Sitzkreis. Legen Sie möglichst unbeobachtet einen der Gegenstände in den Beutel. Gehen Sie nun mit dem Beutel von Kind zu Kind. Jedes Kind hat einen Moment Zeit, um eine Hand in den Beutel zu stecken und den Gegenstand zu ertasten.

Am Ende des Rundgangs fragen Sie die Kinder: „Wie hat sich der Gegenstand angefühlt?“, und fordern Sie sie auf, ihre Wahrnehmungen zu äußern. Helfen Sie den Kindern, wenn sie die richtigen beschreibenden Adjektive nicht finden können, z. B.: hart, weich, flauschig, kalt, labberig, fest usw.

Zum Schluss wird der Gegenstand sichtbar in die Mitte gelegt. Legen Sie danach einen anderen Gegenstand in den Beutel und das Fühl-Spiel beginnt von Neuem … Wenn alle Fühl-Gegenstände in der Kreismitte liegen, ist das Spiel zu Ende. Welcher Gegenstand hat sich wohl am schönsten angefühlt? Wie hat er sich genau angefühlt?

Leichte Variante

Die Kinder ertasten den Gegenstand nicht im Beutel, sondern der Gegenstand wird herumgegeben. Dabei dürfen die Kinder bereits sagen, wie er sich anfühlt. Wer möchte, kann dabei die Augen schließen, um sich besser auf den Tastsinn konzentrieren zu können.

Schwere Variante

Die Kinder überlegen, welche Gegenstände sich außerdem noch hart, weich, flauschig usw. anfühlen. Hier müssen sie die Gegenstände, die ihnen einfallen, benennen oder umschreiben.

   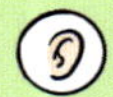  

Das riecht wie …!

Förderschwerpunkt: Erzählfähigkeit
(Die Kinder erzählen den anderen Kindern von ihren Geruchserinnerungen.)

Material: Tisch, wiederverschließbare und blickdichte Dosen oder Gläser, ggf. Redestein, verschiedene Materialien zum Riechen (z. B. Basilikum, Kakaopulver, Spekulatiusgewürz, Sonnencreme)

Vorbereitung: Stellen Sie die blickdichten Dosen/Gläser, die mit den unterschiedlichen Materialien (s. o.) gefüllt sind, auf einen Tisch im Gruppenraum. Jede Zutat wird zuvor jeweils einzeln in eine Dose oder ein Glas getan und diese oder dieses dann verschlossen.

So geht's

Nehmen Sie eine Dose/ein Glas vom Tisch und reichen Sie sie/es einem Kind. Dieses reicht sie/es dann reihum weiter zum nächsten Kind usw. Jedes Kind darf einmal den Deckel heben und daran schnuppern. Motivieren Sie die Kinder anschließend durch gezielte Fragen zum Erzählen.

Beispielfragen:

- Was ist das für ein Geruch?
- Woher kennst du den Geruch?
- Wo und wann hast du es gerochen?
- An was erinnert dich der Geruch?

Beispielantworten:

- Basilikum: Pizza essen, zu Hause auf der Fensterbank steht eine Pflanze, die so riecht usw.
- Kakaopulver: Schokolade, bei Oma gegessen, es gibt auch weiße Schokolade, ich hatte mal einen Weihnachtsmann aus Schokolade, riecht nach Geburtstag usw.
- Spekulatiusgewürz: Weihnachten, Kekse, die meine Tante mitgebracht hat usw.
- Sonnencreme: Sommer, Hitze, Sonne, Italien usw.

Jedes Kind sollte die Gelegenheit zum Erzählen bekommen. Die anderen hören zu.

Leichte Variante

Die Dose/das Glas geht herum und jedes Kind schnuppert daran. Das Kind darf direkt kurz erzählen, was ihm zum Geruch einfällt.

Schwere Variante

Anschließend bekommt ein Kind einen „Redestein“. Dieser Stein besagt, dass nur das Kind sprechen darf. Alle anderen hören zu. Das Kind beginnt, zu einem Geruch zu erzählen. Irgendwann stoppt es und reicht einem anderen Kind den Redestein. Dieses erzählt die Geschichte weiter. Jedes Kind sollte am Ende etwas zur Geschichte beigetragen haben. Lenken Sie das Gespräch so, dass jedes Kind einen Redeanteil hat und dass ein roter Faden in der Geschichte deutlich ist.

2. SINNE    

Flüsterspiel

Förderschwerpunkt: Artikulation
(Die Kinder müssen sehr deutlich sprechen, damit das nächste Kind die Botschaft versteht.)

Material: Stühle

Vorbereitung: Stellen Sie so viele Stühle, wie Kinder bei diesem Angebot mitmachen, zu einem Stuhlkreis zusammen.

So geht's

Die Kinder sitzen auf Stühlen im Sitzkreis. Ein Kind beginnt und flüstert dem Kind, welches rechts neben ihm sitzt, ein Wort ins Ohr, z. B. „Kuchen". Das Kind flüstert es in Kreisrichtung dem nächsten Kind ins Ohr usw. Das letzte Kind darf laut sagen, was es verstanden hat. Dann startet das Flüsterspiel von vorn und ein anderes Kind beginnt mit einem neuen Wort.

Leichte Variante

Fordern Sie die Kinder dazu auf, nur zwei Silben eines Wortes im Kreis flüsternd weiterzusagen (z. B. „E-le"). Können die Kinder am Ende sagen, um welches Gesamtwort („Elefant") es sich handelt?

Schwere Variante

Ein ganzer Satz wird flüsternd weitergesagt (z. B. „Ich gehe in den Zoo.").

2. SINNE   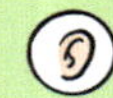  

Ich sehe was, was ihr nicht seht ...

Förderschwerpunkt: Sprachverständnis
(Die Kinder müssen die Beschreibung des Gegenstandes inhaltlich verstehen, um den Gegenstand zu erraten.)

Material: Kissen, ggf. 10 Gegenstände für die Kreismitte

Vorbereitung: Legen Sie für jedes teilnehmende Kind ein Kissen in einem Sitzkreis im Gruppenraum bereit.

So geht's

Die Kinder setzen sich auf die bereitgelegten Kissen. Beginnen Sie das Spiel und sagen Sie: „Ich sehe was, was ihr nicht seht, und das ist (z. B.) blau.“ Die Kinder benennen blaue (sichtbare) Gegenstände, die sich im Raum befinden. Hat ein Kind den gesuchten Gegenstand richtig benannt, beginnt eine neue Runde. Reihum kann jedes Kind einmal das Spiel beginnen.

Leichte Variante

Es werden ca. zehn Gegenstände in die Kreismitte gelegt. Das Spiel bezieht sich dann nur auf diese Gegenstände.

Schwere Variante

Der gesuchte Gegenstand wird nicht mit seiner Farbe beschrieben, sondern durch andere Adjektive, wie seine Form (z. B. „Ich sehe etwas, was ihr nicht seht, und das ist eckig.“).

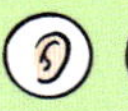

Das schmeckt nach …

Förderschwerpunkt: Wortschatzerweiterung
(Die Kinder verknüpfen sinnliche Erlebnisse mit den Wörtern.)

Material: Apfel, Banane, Gurke, Brot, Schokolade u. Ä., einen Teller und eine Gabel pro teilnehmendes Kind, Augenbinde

Vorbereitung: Schneiden Sie die Nahrungsmittel in kleine, verzehrfertige Häppchen. Diese werden jeweils auf einen Teller gelegt. Neben den Teller kommt ein Exemplar des Lebensmittels in ganzer Form.

So geht's

Die Kinder sehen die Lebensmittel. Bitten Sie sie, diese zu benennen, und fragen Sie sie: „Was ist das?“, „Hast du das schon einmal gegessen?“ oder „Magst du es gern essen?“

Jedes Kind sucht sich drei Lebensmittel aus und legt diese auf einen Teller. Nun beginnt ein Kind mit dem Spiel. Es schließt die Augen oder bekommt (wenn es das möchte) eine Augenbinde. Ein anderes Kind reicht ihm mit der Gabel vorsichtig ein Stück Essen an. Das Kind probiert dieses und sagt: „Das schmeckt nach (z. B.) Apfel.“ Nach drei Runden kommt ein anderes Kind an die Reihe.

Leichte Variante

Die Kinder sehen die Nahrungsmittel. Nacheinander probieren sie ein Stück ihrer Wahl und sagen jeweils, was sie essen: „Ich esse ein Stück (z. B.) Apfel.“

Schwere Variante

Die Kinder wissen vorher nicht, um welche Nahrungsmittel es sich handelt. Sie schmecken und antworten, wonach es schmeckt bzw. um welches Lebensmittel es sich handelt.

2. SINNE

  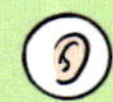  

Komm in die Kita!

Förderschwerpunkt: Grammatik
(Die Kinder lernen Reimformen kennen.)

Material: Stühle

Vorbereitung: Stellen Sie so viele Stühle, wie Kinder bei diesem Angebot mitmachen, zu einem Stuhlkreis zusammen.

So geht's

Setzen Sie sich mit den Kindern in den Stuhlkreis und leiten Sie das folgende Lied an. In jeder Strophe fehlt ein wenig Text. Fordern Sie die Kinder auf, gemeinsam zu überlegen, welche Worte sie in die Textlücke einsetzen möchten.
Helfen Sie den Kindern bei der Auswahl der Wörter, sodass sie passend sind. Das Lied kann mit Gesten begleitet werden. Dafür finden Sie Vorschläge neben dem Liedtext.

Leichte Variante

Geben Sie den Kindern den ganzen Text vor.

Schwere Variante

Zusätzlich wird im Refrain der letzte Satz weggelassen. Nun müssen die Kinder verschiedene Varianten finden, die sich reimen. Anstelle von: „Hier ist immer etwas los" dürfen die Kinder lustigen Nonsens reimen, wie etwa: „Hier gibt es Moos." oder „Hier liegt ein Kloß."

Komm in die Kita! *(Melodie von: „Alle meine Entchen")*	
Ein langweiliger Tag. Was machst du bloß? Was machst du bloß? Komm in die Kita! Hier ist immer was los.	*Schultern heben und senken* *mit einer Hand etwas heranwinken*
Da gibt es viel zu hören. Was hörst du da? Was hörst du da? … (z. B. das Singen anderer Kinder) – wunderbar!	*Ohr zur Kreismitte halten und eine Hand „lauschend" daranlegen*
Ein langweiliger Tag. Was machst du bloß? Was machst du bloß? Komm in die Kita! Hier ist immer was los.	*Schultern heben und senken* *mit einer Hand etwas heranwinken*

Komm in die Kita! *(Melodie von: „Alle meine Entchen“)*	
Da gibt es viel zu sehen. Was siehst du da? Was siehst du da? … (z. B. ganz viel tolles Spielzeug) – wunderbar!	*mit beiden Händen (Zeigefinger und Daumen aneinanderlegen und so ein Brillenglas bilden) eine Brille formen und hindurchsehen*
Ein langweiliger Tag. Was machst du bloß? Was machst du bloß? Komm in die Kita! Hier ist immer was los.	*Schultern heben und senken* *mit einer Hand etwas heranwinken*
Da gibt es viel zu fühlen. Was fühlst du da? Was fühlst du da? … (z. B. einen glatten Redestein) – wunderbar!	*mit einer Hand den anderen Arm berühren*
Ein langweiliger Tag. Was machst du bloß? Was machst du bloß? Komm in die Kita! Hier ist immer was los.	*Schultern heben und senken* *mit einer Hand etwas heranwinken*
Da gibt es viel zu schmecken. Was schmeckst du da? Was schmeckst du da? … (z. B. Essen von Hans dem Koch) – wunderbar!	*ab „Was schmeckst du …“ schmatzend den Text singen*
Ein langweiliger Tag. Was machst du bloß? Was machst du bloß? Komm in die Kita! Hier ist immer was los.	*Schultern heben und senken* *mit einer Hand etwas heranwinken*
Da gibt es viel zu riechen. Was riechst du da? Was riechst du da? … (z. B. Heute gibt es Waffeln!) – wunderbar !	*Nase zuhalten* *Finger lösen und so tun, als würde man etwas bewusst riechen*
Ein langweiliger Tag. Was machst du bloß? Was machst du bloß? Komm in die Kita! Hier ist immer was los.	*Schultern heben und senken* *mit einer Hand etwas heranwinken*

3. MEIN KÖRPER

Beim Thema „Körper“ kann jedes Kind mitreden, denn jedes hat einen Körper. Kinder im Kita-Alter interessieren sich für ihren Körper und erproben gern ihre körperlichen Fähigkeiten.

Mein Körper ist ein Wunderwerk

„Du glaubst gar nicht, was mein Körper alles kann", sagt Djamal beim Frühstück zu Paula, die heute neben ihm sitzt. „Was denn?", fragt Paula. Djamal beißt in sein Brot, kaut und schluckt. Er reißt den Mund auf. „Alla wag", sagt er, so gut er es eben mit offenem Mund sagen kann. „Alles weg!", wiederholt er noch einmal und guckt Paula triumphierend an. Erst war es ein Brot, dann ruck zuck gekaut und geschluckt und weg ist das ganze Zeug. Das ist doch großartig. Und lecker war es auch. Djamal lacht.

Paula überlegt. Dann grinst sie und sagt: „Guck mal, was mein Körper kann!" Sie zeigt ihm ihr Croissant. Dann steht sie kurz auf, legt das Croissant auf die Stuhlfläche und setzt sich wieder hin. Djamal ist still und guckt. Paula schiebt ihren Popo noch ein paar Mal von einer zur anderen Seite und steht dann wieder auf, um Djamal stolz ein ganz plattes Croissant zu präsentieren. „Ha!", ruft Paula. „Es hat funktioniert! Mein Körper hat das Ding einfach platt gemacht." Sie beißt hinein. „Und lecker ist es auch", sagt sie mit vollem Mund.

Jetzt mischt sich Patrick, der Praktikant in der Kita, ein: „Paula!", sagt er streng. „Mit Essen spielt man nicht." – „Sie wollte mir nur zeigen, was sie mit ihrem Körper alles machen kann, Patrick", sagt Djamal. Das versteht Patrick.

„Ja, der Körper ist wirklich ein Wunderwerk. Der kann echt viele großartige Sachen. Manche merken wir gar nicht, wie z. B. den Herzschlag oder das Atmen. Das macht der Körper einfach automatisch. Und jetzt guckt mal, was mein Körper kann." Er nimmt seinen Daumen und biegt ihn ganz weit nach hinten, sodass er damit fast seinen Unterarm berührt. „Ah!", schreit Paula. „Der bricht gleich ab! Hör auf!" Patrick lacht. „Nein, das konnte ich schon immer. Mein Bruder, der kann mit den Ohren wackeln. Ich kann das nicht."

3. MEIN KÖRPER

4.

Paula und Djamal versuchen auch, ihre Daumen zu biegen, aber so weit wie Patrick kommen sie nicht. Dann versuchen sie, mit den Ohren zu wackeln. Das geht auch nicht. „Ich kann eine Brücke machen!", fällt Djamal jetzt ein. Er legt sich auf den Rücken, setzt Hände und Füße auf den Boden auf und drückt seinen ganzen Körper hoch. Der Bauch ist ganz oben. Es sieht wirklich wie eine Brücke aus. Mike, Samira und Martha kommen dazu. Sie beginnen, zu klatschen. „Super! Djamal!" Die anderen Kinder überlegen, was sie mit ihrem Körper alles tun können.

Fragen an die Kinder:

- Was könnt ihr mit dem Körper machen?
- Zeigst du es uns einmal?
- Was findet ihr am besten an eurem Körper?
- Könnt ihr mit dem Körper und bestimmten Bewegungen vielleicht auch sprechen (ohne den Mund zu benutzen)?

Im Mund-Fitnessstudio

Förderschwerpunkt: Artikulation
(Die Kinder trainieren ihre Mundmotorik.)

Material: Stühle oder Kissen

Vorbereitung: Stellen Sie so viele Stühle, wie Kinder bei diesem Angebot mitmachen, zu einem Stuhlkreis zusammen oder legen Sie die passende Anzahl an Kissen bereit.

So geht's

Die Kinder sitzen im Kreis. Heißen Sie sie im „Fitnessstudio“ willkommen. Und los geht es auch schon mit der Mund-Gymnastik. Leiten Sie die Übungseinheit an.

Beispielübungen:

- Zunge herausstrecken und Mund dabei weit aufmachen
- Zunge herausstrecken und Lippen dabei möglichst eng geschlossen halten
- Zunge in linken Mundwinkel schieben
- Zunge in rechten Mundwinkel schieben
- Mund aufmachen und Zunge kreisen lassen
- abwechselnd Lippen verstecken und Kussmund machen
- abwechselnd breit grinsen und Kussmund machen
- mit der Zunge versuchen, die Nasenspitze zu berühren
- die Wangen aufpusten und mit einem Geräusch Luft wieder aus dem Mund weichen lassen

Leichte Variante

Die Kinder machen im Wechsel diese mundmotorischen Übungen:

- Wangen aufpusten wie einen Luftballon und wieder Luft herauslassen
- Mund aufreißen und Zunge herausstrecken wie ein brüllender Löwe
- Lippen verstecken und aufeinanderpressen wie eine Tür, durch die keine*r kommt

Schwere Variante

Leiten Sie einen Mund-Tanz an! Suchen Sie sich ein Popmusikstück mit Viervierteltakt aus. Überlegen Sie sich zwei mundmotorische Bewegungen und machen Sie jede Bewegung auf vier Zeiten vor. Die Kinder machen das nach. Danach wird die zweite Bewegung auf vier Zeiten durchgeführt. Die Kinder müssen sich daran gewöhnen, dass die Bewegungen langsamer (aber damit intensiver) durchgeführt werden als zuvor. Abschließend werden die zwei Bewegungen aneinandergehängt und wiederholt. Weitere Bewegungen können nach diesem Prinzip folgen, sodass eine Bewegungsreihe entsteht.

4.

Das ist mein Körper!

Förderschwerpunkt: Wortschatzerweiterung
(Die Kinder lernen oder festigen die Wörter, welche die einzelnen Körperteile benennen.)

Material: Tapetenrolle, Schere, Malerkreppband, Wachsmalstifte

Vorbereitung: Schneiden Sie die Tapetenrolle in kindergroße Abschnitte, je nach Anzahl der teilnehmenden Kinder, und kleben Sie sie mit Malerkreppband auf den Boden.

So geht's

Jedes Kind bekommt ein auf den Boden geklebtes Papierstück. Die Kinder bilden in 2er- oder 3er-Gruppen kleine Teams: Ein Kind legt sich mit dem Rücken auf sein Papier. Die Arme liegen mit etwas Abstand zum Oberkörper. Die Hände liegen mit den Handflächen nach unten und zwischen den Fingern ist etwas Platz. Die Beine sind mit etwas Abstand nebeneinander. Die Füße fallen nach außen. Die ein oder zwei weiteren Kinder des Teams malen die Körperumrisse des auf dem Boden liegenden Kindes mit Wachsmalstiften nach.

Danach wird gewechselt und eins der zuvor malenden Kinder legt sich auf ein Papierblatt und wird von den anderen Teammitgliedern oder dem anderen Teammitglied nachgemalt.

Beim Malen der Körperteile benennen die Kinder laut jedes einzelne Körperteil. Helfen Sie den Kindern bei Bedarf, die Körperteile beim Anmalen richtig zu benennen.

Sobald alle Kinder ihren Körperumriss auf ihrem Blatt Papier haben, malen sie jedes Körperteil mit einer anderen Farbe an. Sie können farblich differenziert wie folgt angemalt werden: Kopf, Hals, Oberkörper, Arme, Hände, Beine, Füße.

Leichte Variante

Die Kleingruppe bemalt gemeinsam ein Bild und benennt die einzelnen Körperteile.

Schwere Variante

Die Körperteile werden differenzierter benannt und bemalt: Es kommen Finger, Zehen, Vulva oder Penis, Po, Oberschenkel, Unterschenkel, Oberarme, Unterarme etc. hinzu.

Als ich einmal Fieber hatte ...

Förderschwerpunkt: Erzählfähigkeit
(Die Kinder erzählen ihre Krankheitserlebnisse.)

Material: Kissen, Pflaster, Verband, Fieberthermometer, leere Medizinflasche (z. B. Hustensaft)

Vorbereitung: Legen Sie die passende Anzahl an Kissen für einen Sitzkreis bereit. Die weiteren Materialien werden in die Kreismitte gelegt.

So geht's

Leiten Sie das Angebot ein, indem Sie den Kindern schildern, dass ein Körper auch mal krank sein kann. Sicher waren alle Kinder schon einmal krank und hatten Husten oder Fieber oder ein gebrochenes Bein. Fragen Sie die Kinder, ob sie die Gegenstände in der Mitte kennen: „Woher kennt ihr sie?", „Wie heißen sie?" Nacheinander darf sich jedes Kind einen Gegenstand nehmen und erzählen, was es mit diesem Gegenstand für Erlebnisse und Gedanken verbindet. Hat das Kind seine Erzählung beendet, legt es den Gegenstand zurück in die Mitte und ein anderes Kind ist an der Reihe.

Leichte Variante

Nur ein Gegenstand wird in die Mitte gelegt und jedes Kind erzählt reihum, was ihm dazu einfällt. Dieses ist einfacher, weil sprachlich unsichere Kinder sich von den anderen Kindern etwas abschauen bzw. „abhören" können und so Gesprächsimpulse bekommen.

Schwere Variante

Ein Kind erzählt eine Geschichte und alle Gegenstände, die in der Mitte liegen, müssen in der Geschichte vorkommen.

4.

Körperteile verstecken

Förderschwerpunkt: Sprachverständnis
(Die Kinder müssen die Begriffe für Körperteile schnell zuordnen und handeln.)

Material: Kissen, Tücher

Vorbereitung: Legen Sie die passende Anzahl an Kissen für einen Sitzkreis bereit.

So geht's

Die Kinder sitzen im Kreis. Jedes Kind bekommt ein Tuch. Stellen Sie sich in die Kreismitte und nennen Sie einen Körperteil. Die Kinder müssen schnell diesen Körperteil mit dem Tuch verstecken. Versuchen Sie in der Zwischenzeit, schnell bei einem Kind genau den Körperteil zu berühren. Schaffen Sie es, darf das berührte Kind in die Kreismitte kommen und Körperteile ansagen. Wenn es dieses nicht möchte, starten Sie die nächste Runde selbst.

Leichte Variante

Die Kinder sitzen beim Spielen weit auseinander im Kreis. So ist der Weg zu den einzelnen Kindern für Sie länger.

Schwere Variante

Das Spieltempo wird gesteigert.

Magnetische Körperteile

Förderschwerpunkt: Kommunikationsfähigkeit
(Die Kinder nehmen Anweisungen von einem anderen Kind auf und beziehen sich bewegend aufeinander.)

Material: Musik

Vorbereitung: Suchen Sie passende Musik für das Angebot heraus. Sie sollte nicht zu schnell und zu laut sein.

So geht's

Die Kinder bilden 2er-Teams. Unterstützen Sie sie, wenn nötig, bei der Gruppenfindung. Sollte ein Kind keine*n Teampartner*in haben (wegen einer ungeraden Kinderanzahl), können Sie z. B. auch als Partner*in einspringen oder die Kinder bilden ein 3er-Team.

Ein Kind jedes Teams bestimmt einen Körperteil, mit dem sich dann beide Kinder tanzend begrüßen. So bewegt sich beispielsweise bei „Fuß" ein Fuß von beiden Kindern aufeinander zu („Hallo!") und voneinander weg („Tschüss!"). Machen Sie dabei leise Musik an.

Anschließend darf das andere Kind des Teams einen Körperteil bestimmen und die Kinder bewegen sich mit diesen aufeinander zu.

Leichte Variante

Sagen Sie einen Körperteil an und jedes Kind sucht sich spontan ein Kind, welches es dann mit diesem Körperteil begrüßt.

Schwere Variante

Für ältere Kinder kann es durchaus herausfordernder werden. Hierfür sagen Sie zwei Körperteile an, mit denen sich die beiden Kinder eines Teams gleichzeitig begrüßen und danach auch wieder verabschieden sollen, beispielsweise ein Fuß und eine Hand. Wie funktioniert das?

Im Wartezimmer

Förderschwerpunkt: Grammatik
(Die Kinder wiederholen gliedernd einen Satz.)

Material: Stühle

Vorbereitung: Stellen Sie einen Stuhl mehr, als Kinder bei diesem Angebot mitmachen, zu einem Stuhlkreis zusammen.

So geht's

Die Kinder sitzen im Kreis. Das ist das Wartezimmer des Arztes oder der Ärztin. Fragen Sie die Kinder, ob sie schon einmal bei einem Arzt oder einer Ärztin waren und warum sie dort waren. Die Kinder können berichten. Danach beginnt das Spiel:

Das Kind, welches rechts den leeren Stuhl neben sich hat, rückt hinüber und setzt sich dorthin. Dabei ruft es: „Ich sitze!“ Nun rückt das nächste Kind auf den gerade frei gewordenen Stuhl und sagt: „Im Wartezimmer!“ Das nächste Kind rückt auf und sagt: „Und warte!“ Daraufhin rückt das nächste Kind auf und ruft: „Auf … (Name eines Kindes, z. B. „Mathea“ einfügen)!“ Das genannte Kind (hier Mathea) steht auf und setzt sich auf den freien Stuhl. Dadurch ist Matheas Stuhl freigeworden. Das Kind, welches links daneben sitzt, rückt dorthin auf und sagt: „Ich sitze!“ Das Spiel geht damit wieder von vorn los.

Jedes Kind soll am Ende einmal den Platz gewechselt haben. Ziel ist es, dass insgesamt ein Bewegungs- und Sprechrhythmus entstehen soll. Das Tempo kann nach einer Weile gesteigert werden.

Leichte Variante

Alle Kinder sprechen rhythmisch mit. Nur wenn das Kind mit Namen aufgerufen wird, spricht ein Kind allein.

Schwere Variante

Die Kinder sagen am Ende nicht nur den Namen des Kindes, welches kommen soll, sondern auch, was es für ein körperliches Gebrechen hat und deshalb im Wartezimmer eines Arztes oder einer Ärztin sitzt. Beispielsweise „Ich sitze – im Wartezimmer – und warte – auf Mathea, die sich einen Fuß gebrochen hat.“ Mathea bewegt sich dann mit einem gedachten gebrochenen Fuß zum freien Platz (z. B. auf einem Bein hüpfend oder humpelnd).

4. GEFÜHLE

In der Spracheinheit „Gefühle“ geht es insbesondere darum, dass Kinder ihre Gefühle spüren und sie richtig benennen können. Dies ist Voraussetzung dafür, dass sie anderen mitteilen können, wie es ihnen geht, und verstehen, wie es anderen geht. Außerdem ist es wichtig, Gefühle differenziert benennen zu können, um diese im Gespräch verarbeiten zu können.

Das blaue Kleid

Heute Morgen hat Rieke ein wunderschönes blaues Kleid in ihrem Kleiderschrank gefunden. Sie hatte es in den Sommerferien ganz oft an und bis eben vergessen, dass es das Kleid jemals gab.

Nun sieht sie das Kleid wieder. Es lag ganz hinten im Schrank. Sie zieht ihren Schlafanzug aus und zieht sich das Kleid an. „Total schön sieht das aus!", sagt Rieke FRÖHLICH zu sich selbst. „Es ist so schön blau. Und ich sehe so wunderschön damit aus." Vergnügt hüpft sie in die Küche. Dort sitzt ihr Vater am Frühstückstisch. Er liest Zeitung. „Guten Morgen, Rieke. Möchtest du ein Müsli essen?", fragt er und schaut dabei weiter in seine Zeitung. „Ja!", ruft Rieke. „Guck mal, Papa, was ich gerade gefunden habe. Mein Kleid, das ich in den Sommerferien immer anhatte."

Der Vater schaut von seiner Zeitung auf und guckt Rieke ERSTAUNT an: „Rieke, es ist Winter! Du kannst nicht in diesem Kleid zur Kita gehen! Das ist viel zu dünn für diese kalte Jahreszeit."

Der Vater holt die Müslischalen und Löffel und legt sie auf den Tisch. Etwas ungeduldig sagt er zu Rieke: „Los jetzt! Zieh dich schnell um. Am besten die Jeans und die Strickjacke von gestern. Dann können wir noch schnell das Müsli essen, bevor ich dich in die Kita bringe."

„Och, bitte, Papa! Es ist so schön blau! Siehst du das denn gar nicht? Und wenn ich mich drehe, dann fliegt der Stoff an den Beinen richtig hübsch hoch." Rieke ist TRAURIG. Sie hätte es so gern gehabt, wenn ihr Papa sich mit ihr gefreut hätte. Und jetzt macht er ihre ganze Freude kaputt. Ohne das Kleid möchte sie heute nirgendwo hingehen, auch wenn heute in der Kita Nikolausfeier ist.

„Nein, Papa", sagt Rieke leise und senkt den Kopf. „Ich möchte das Kleid anbehalten. Mir ist ja gar nicht kalt", sagt sie trotzig. „Rieke! Wir haben jetzt wirklich keine Zeit für ein solches Theater! Zieh dich bitte um und komm! Schließlich muss ich auch pünktlich bei der Arbeit sein! Ich kann auf keinen Fall zu spät kommen! Es schneit und die Straßen sind glatt. Wir brauchen sicher etwas mehr Zeit für den Weg als sonst!" Die Stimme des Vaters wird beim Reden immer lauter.

4. GEFÜHLE

„Er ist WÜTEND“, denkt Rieke. „Warum ist er wütend? Er muss das Kleid ja nicht anziehen, wenn es ihm nicht gefällt. Vielleicht hat er das falsch verstanden?“, überlegt sie aufgeregt. Rieke versteht ihren Vater nicht und der Vater redet nicht oft so laut mit ihr. Das macht Rieke ein komisches Gefühl im Bauch. „Papa?“, fragt sie ÄNGSTLICH. „Papa, du sollst das Kleid nicht anziehen. Ich will es ja heute anbehalten. Es ist so schön.“ Da schaut der Vater sie etwas verwundert an.

Einen Moment schweigen beide. Dann nimmt er Rieke in den Arm. „Entschuldige, mein Riekchen. Du hast ja vollkommen recht. Ich bin so gereizt heute Morgen. Ich habe gleich eine ganz nervige Verabredung bei der Arbeit. Da kommen viele Leute, die sich alle für ganz wichtig halten.“

Rieke ist erleichtert. Ja, das kann sie verstehen. Wenn einem eine blöde Sache bevorsteht, kann man schon mal schlechte Laune haben. „Aber dennoch“, denkt sie, „habe ich ein wunderschönes Kleid an!“

Rieke dreht sich vor ihrem Vater und der Stoff untenrum schwebt richtig während der Drehung. „Ist das nicht herrlich?“, sagt Rieke. „Ja!“, sagt der Vater. „Aber es ist zu dünn für dieses kalte Wetter. Zieh am besten eine Strumpfhose und einen langärmligen Pullover darunter an. O. k.?“ Rieke ist ERLEICHTERT. „Wird erledigt!“, ruft sie und rennt zu ihrem Kleiderschrank.

Im Auto auf dem Weg in die Kita sagt ihr Vater: „Ich stelle mir gerade vor, wie ich wohl in deinem Kleid aussehen würde. Und was die Leute bei meiner Arbeit wohl für ein Gesicht machen würden, wenn ich heute in einem blauen und viel zu kleinen Kleid kommen würde.“ Rieke und ihr Vater lachen laut.

„Aber Papa!“, keucht Rieke ganz außer Atem vor Lachen. „Ich hätte dich auch lieb, wenn du jeden Tag in einem zu kleinen Kleid herumlaufen würdest“, fügt sie hinzu. „Und ich hätte dich auch lieb, wenn du jeden Tag in meinen langen Hosen und Pullovern zur Kita gehen würdest, mein Riekchen“, antwortet der Vater gerührt.

Fragen an die Kinder:

- Rieke war so glücklich über das Kleid. Wann seid ihr so richtig glücklich?
- Rieke war so traurig, weil ihr Vater ihr zuerst verboten hatte, das Kleid anzulassen. Wann wart ihr einmal so richtig traurig?
- Der Vater war ganz genervt. Er musste schnell zur Arbeit. Wann seid ihr schon einmal ganz genervt gewesen?
- Im Auto mussten Rieke und ihr Papa ganz schön laut lachen. Wann musstet ihr schon einmal laut lachen?

4. GEFÜHLE

Stimmungen benennen

Förderschwerpunkt: Wortschatz
(Die Kinder lernen oder festigen die Worte, die Gefühle oder Stimmungslagen ausdrücken.)

Material: Bildkarte 4, Vorlesegeschichte „Das blaue Kleid“ (s. S. 52–53), pro Kind eine Fliegenklatsche, Kissen

Vorbereitung: Drucken Sie Bildkarte 4 aus (s. Download-Material), schneiden Sie die Stimmungsbilder aus und legen Sie sie für das Angebot bereit. Legen Sie außerdem die passende Anzahl an Kissen für einen Sitzkreis, die Fliegenklatschen und die Vorlesegeschichte bereit.

So geht’s

Setzen Sie sich mit den Kindern auf die Kissen. Stellen Sie zu Beginn nach und nach jedes Stimmungsbild den Kindern vor. Wie fühlt sich der- oder diejenige auf dem Bild? Die jeweilige Gefühlslage wird von den Kindern benannt und das Bild danach wieder in die Kreismitte gelegt. Wiederholen Sie diesen Prozess so lang, bis alle Bilder für alle sichtbar in der Kreismitte liegen. Nun kann das Spiel beginnen:

Lesen Sie langsam und mit Betonung die Vorlesegeschichte „Das blaue Kleid“ (s. S. 52–53) vor. Benutzen Sie bei den in Großbuchstaben geschriebenen Wörtern eine entsprechend passende Gestik und Mimik.

Die Kinder hören zu und folgen der Geschichte. Wenn das Wort „fröhlich“ gesagt wird, hauen sie mit ihrer Fliegenklatsche schnell auf das entsprechende Stimmungsbild in der Kreismitte. Genauso sollen sie auch bei den anderen Wörtern, die ein Gefühl ausdrücken und das sie hören, reagieren. *Haben alle Kinder auf die richtigen Stimmungsbilder geklatscht?*

Im Download
Bildkarte 4: Stimmungen

Leichte Variante

Machen Sie nach jedem vorgelesenen Gefühlswort eine Pause, sodass alle Kinder Zeit und Ruhe haben, das richtige Gefühlsbild zu finden.

Schwere Variante

Die Gefühlswörter werden nicht mit vorgelesen, sondern es wird eine Pause an diesen Stellen beim Vorlesen gemacht. Fordern Sie die Kinder auf, das richtige Stimmungsbild auszusuchen und mit der Fliegenklatsche auf die Karte zu klatschen.

Geschichten erzählen mit dem Mimikwürfel

Förderschwerpunkt: Erzählfähigkeit
(Die Kinder lernen oder festigen Wörter, die Gefühle oder Stimmungslagen ausdrücken.)

Material: Bildkarte 5 zum Herstellen des Mimikwürfels, Schere, Klebstoff, Kissen

Vorbereitung: Drucken Sie Bildkarte 5 aus (s. Download-Material), schneiden Sie die Mimikwürfel-Vorlage aus und kleben Sie sie an den markierten Stellen zusammen. Legen Sie den Würfel für das Angebot bereit und verteilen Sie die Kissen in der passenden Anzahl, wie es teilnehmende Kinder gibt, im Raum, sodass ein Sitzkreis entsteht.

So geht's

Setzen Sie sich mit den Kindern auf die Kissen im Kreis. Ein Kind beginnt und darf in der Kreismitte mit dem Mimikwürfel würfeln. Welches Stimmungsgesicht liegt oben? Ist es beispielsweise das „wütende“ Gesicht? Das Kind darf nun erzählen und muss dabei mit dem Satz beginnen: „Als ich einmal sehr wütend war ...“

Helfen Sie den erzählenden Kindern bei Bedarf und motivieren Sie sie durch Fragen, wie: „Warum bist du denn so wütend geworden?“

Wenn das Kind mit seiner Geschichte fertig ist, darf das nächste Kind würfeln und erzählen. Die Erzählungen müssen nicht der Wahrheit entsprechen. Die Kinder können auch Geschichten frei erfinden.

Leichte Variante

Ein Kind würfelt. Benennen Sie das gewürfelte Gesicht. Fragen Sie die Kinder: „Ist das ein schönes Gefühl oder ist das eher kein schönes Gefühl?“ Die Kinder beantworten die Frage und erzählen ein Beispiel zu dieser Gefühlslage.

Schwere Variante

Es werden verschiedene Satzanfänge vorgegeben, auf die sich die Kinder bei ihren Erzählungen grammatikalisch einstellen müssen.

Beispielsatzanfänge für die Stimmung „ängstlich“:

- Wenn ich sehr „ängstlich“ bin, dann ...
- Ich bin sehr „ängstlich“, wenn ...
- Als ich einmal sehr „ängstlich“ war, ...
- Ich war einmal sehr „ängstlich“, als ...
- Wenn ich „ängstlich“ sein werde, dann ...

Im Download
Bildkarte 5: Bastelvorlage Mimikwürfel

Ein Liebesbrief für dich!

Förderschwerpunkt: Artikulation
(Die Kinder nehmen ihre Lippen wahr und beanspruchen die Mundmotorik.)

Material: Papierblätter, Lippenstifte (geeignet auch für Kinder), Spiegel (evtl. zusätzlich noch kleine Hand- oder Taschenspiegel), Briefumschläge, Stifte, Taschentücher

Vorbereitung: Legen Sie die notwendigen Materialien bereit.

So geht's

Die Kinder malen sich die Lippen mit einem Lippenstift, der auch für Kinder geeignet ist, an. Vor dem Spiegel können sie nacheinander kontrollieren, ob der Lippenstift ausreichend aufgetragen wurde. Dann nehmen sie sich ein Blatt Papier und küssen dieses. Ein Kussmund ist nun darauf zu sehen und fertig ist der ganz persönliche Liebesbrief. Die Kinder falten ihren Brief und stecken ihn in einen Umschlag.

Wer soll den Brief bekommen?

Helfen Sie den Kindern und schreiben Sie den Namen des Adressaten oder der Adressatin auf den Umschlag, z. B.: „Pia aus der Katzengruppe", „Oma" oder „Piet, der kleine Bruder". Die Kinder können ihren Brief in ihre Kita-Tasche oder ihren Kita-Rucksack stecken, um ihn später zu verteilen.

Leichte Variante

Jedes Kind bekommt einen kleinen Hand- oder Taschenspiegel und einen Lippenstift. Es bemalt sich die Lippen, hinterlässt einen Abdruck und wischt ihn mit einem Taschentuch wieder ab. Das kann das Kind so lange wiederholen, wie es mag.

Schwere Variante

Die Kinder malen sich ihre Lippen an und ziehen danach Grimassen. Mit diesen küssen sie auf ein Blatt Papier und hinterlassen dort verrückte Kussmünder, z. B. mit ganz spitzen Lippen. Sie können auch verschiedene Farbkombinationen ausprobieren, z. B. eine Lippe wird knallrot bemalt und die andere pink.

4. GEFÜHLE

Wenn ich wütend bin, springe ich vor Freude in die Luft!

Förderschwerpunkt: Sprachverständnis
(Die Kinder müssen erkennen, ob der Satz sinnvoll ist.)

Material: Stühle oder Kissen, Rasseln

Vorbereitung: Stellen Sie so viele Stühle, wie Kinder bei diesem Angebot mitmachen, zu einem Stuhlkreis zusammen oder legen Sie die passende Anzahl an Kissen bereit.

So geht's

Jedes Kind bekommt eine Rassel. Das ist die Fehlerrassel. Sagen Sie ein bis zwei Sätze, in denen Sie eine Stimmung benennen. Macht das Gesagte keinen Sinn, rasseln die Kinder. Ist es für sie nachvollziehbar, rasseln sie nicht.

Beispielsätze:

- Freddy findet Hunde, die er nicht kennt, unheimlich. Kommt ein Hund um die Ecke gelaufen, ist Freddy ängstlich.
- Elena ist von der Wippe gefallen und hat sich das Knie aufgeschlagen, sodass es blutet. Sie lacht und ist zufrieden.
- Max wünscht sich sehnsüchtig ein Haustier. „Und du kannst mir keinen Papageien abgeben?“, fragt Max traurig.
- Rieke und Djamal kennen sich schon lange. Jeden Morgen freuen sie sich aufeinander. „Guten Morgen!“, ruft Djamal wütend.
- Der Koch ruft wütend: „Wer hat denn hier die ganzen Schokostreusel aufgegessen? Die brauche ich doch für den Kuchen!“
- „Ich bin sehr zufrieden“, sagt der kleine Peter lachend und fröhlich, „dass der Weihnachtsmann alle Geschenke für mich vergessen hat. Ich habe mich schon so auf die Geschenke gefreut!“

Leichte Variante

Es wird nur ein Satz gesagt, der leichter nachvollziehbar ist.

Beispielsätze:

- Ich weine, wenn ich gut drauf bin.
- Ich bin fröhlich, wenn ich Geburtstag in der Kita feiere.
- Ich bin wütend, wenn Mama mir ein Eis kauft.
- Ich bin traurig, wenn mein Freund mich ärgert.

Schwere Variante

Die Kinder denken sich selbst Sätze aus, die entweder nachvollziehbar oder „Quatschsätze“ sind.

4. GEFÜHLE

Hallo, hier ist Peppi! Wer spricht da bitte?

Förderschwerpunkt: Kommunikationsfähigkeit
(Die Kinder müssen erkennen, ob der Satz sinnvoll ist.)

Material: Stühle oder Kissen, Spielzeugtelefone, Handpuppe „Peppi“ (kann auch anders genannt werden)

Vorbereitung: Stellen Sie so viele Stühle, wie Kinder bei diesem Angebot mitmachen, zu einem Stuhlkreis zusammen oder legen Sie die passende Anzahl an Kissen bereit.

So geht’s

Setzen Sie sich mit den Kindern in einen Sitzkreis und stellen Sie den Kindern „Peppi“, die Handpuppe vor. Peppi hat immer etwas zu erzählen. Wenn etwas los ist, ist Peppi dabei. Peppi wohnt in einem schönen Haus. Peppi hat oft Besuch. Aber wenn er keinen hat, greift er zum Telefon und ruft jemanden an. Heute hat Peppi etwas Schnupfen und kann nicht rausgehen. Sicher wird er gleich anrufen. Wer mag denn ans Telefon gehen?

Spielen Sie Peppi. Nacheinander gehen die Kinder ans Telefon, wenn Peppi anruft. Peppi ist bei jedem Anruf in einer anderen Stimmung und das jeweilige Kind am Telefon sollte diese Stimmung erkennen und darauf eingehen. Möglicherweise können andere Kinder helfen.

Beispieltelefonate:

„Hallo, hier ist Peppi. Wer spricht da bitte? Ich muss unbedingt etwas erzählen! Ich habe eine schlimme Erkältung und mir läuft die Nase. Ich muss mir ganz oft die Nase putzen. Jetzt sind meine Taschentücher alle. Ich bin ja so furchtbar traurig darüber, dass sie alle sind. Was soll ich nur machen?“

➔ Das Kind sollte einfühlend reagieren und kann Lösungsvorschläge machen, wie etwa Toilettenpapier zum Naseputzen benutzen.

4. GEFÜHLE

„Hallo, hier ist Peppi. Wer spricht da bitte? Ich muss unbedingt etwas erzählen. Es hat eben an der Tür geklingelt. Ich habe mich so erschrocken. Ich lag gerade auf dem Sofa und habe ein Buch gelesen. Ich bin nämlich erkältet und muss viel liegen und mich ausruhen. Und plötzlich klingelt es ganz laut. Jetzt habe ich Angst. Wer kann das wohl sein? Ein Einbrecher vielleicht?“

- Das Kind kann Peppi beruhigen und Lösungsvorschläge machen, z. B. einfach nachgucken, wer da ist. Vielleicht ein Nachbar, der Taschentücher bringen möchte. Ein Dieb klingelt doch nicht und wartet, bis jemand die Tür öffnet.

„Hallo, hier ist Peppi. Wer spricht da bitte? Ich muss unbedingt etwas erzählen. Ich bin stinksauer! Ich habe meinem Nachbarn gestern die Zunge herausgestreckt, weil wir uns etwas geärgert haben. Ja! Ich weiß, das sollte man nicht tun. Und jetzt hat er sich gerächt. Ich komme gerade nach Hause. Ich war nur ganz kurz spazieren. Ich muss mich schonen, weil ich erkältet bin. Aber frische Luft ist auch gut bei Erkältung. Aber nicht zu lange. Dann muss man sich auch wieder ausruhen. Jedenfalls drücke ich die Klinke der Haustür herunter, um ins Haus zu kommen – und da hat mir doch jemand Zahnpasta daruntergeschmiert! Ich bin so wütend. Das war bestimmt der Nachbar! Ich weiß gar nicht, wohin mit meiner ganzen Wut!“

- Das Kind kann Peppi beruhigen und ihm Vorschläge machen, wie er seine Wut loswerden kann, z. B. laut schreien, gegen Kissen boxen oder in Ruhe mit dem Nachbarn sprechen. Vielleicht war er es ja gar nicht.

Leichte Variante

Überlegen Sie gemeinsam mit den Kindern, wie man Peppi in der jeweiligen Lebenslage helfen könnte.

Schwere Variante

Ein Kind spielt Peppi. Es überlegt sich ein Gefühl und ruft die Kinder an, um Rat zu fragen.

Gefühle hüpfen

Förderschwerpunkt: Grammatik
(Die Kinder drücken Gefühle sprachlich aus und lernen, Wörter in Silben zu zerlegen.)

Material: Bildkarte 4

Vorbereitung: Drucken Sie Bildkarte 4 aus (s. Download-Material), schneiden Sie die Stimmungsbilder aus und legen Sie sie für das Angebot bereit.

So geht's

Die Kinder stehen im Kreis. Legen Sie ein Stimmungsbild in die Mitte. Die Kinder sollen das jeweilige Gefühl bzw. die Stimmung mit ihrer Körperhaltung ausdrücken. Gemeinsam wird ein Satz dazu gesprochen, z. B.: „Heute bin ich traurig.“ Anschließend wird der Satz in Silben zerlegt und entsprechend der Silben-Anzahl durch den Raum gehüpft. So hüpfen die Kinder beispielsweise mit einer gebeugten Körperhaltung „trau-“ (hüpf) „rig“ (hüpf) durch den Raum. Nach der „traurigen“ Runde wird das Stimmungsbild ausgetauscht. Diese Übung sollte mit einem positiven Gefühl enden, z. B. „fröh-lich“!

Leichte Variante

Die Kinder hüpfen nur ein Gefühlsadjektiv, dafür wiederholt nacheinander, z. B.: „fröh-lich, fröh-lich, fröh-lich …“

Schwere Variante

Es werden ganze Sätze gehüpft. Ein Kind sagt einen Satz und alle sprechen und hüpfen ihn nach, z. B.: „Ich – bin – heu-te – sehr – zu-frie-den.“

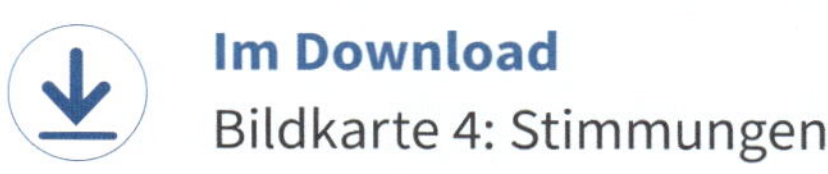

Im Download
Bildkarte 4: Stimmungen

5. MEIN TAG

In dieser Spracheinheit geht es um den Tagesablauf und um Alltägliches, wie Kleidungstücke oder Wohnen. Insbesondere für Kinder, deren Erstsprache nicht Deutsch ist, werden hier viele deutsche Wörter geübt, die sie für ihre alltägliche Kommunikation benötigen.

Die Übernachtung bei Opa Hugo

Djamal und Rieke sind heute bei Riekes Opa Hugo zum Übernachten eingeladen. Opa Hugo hat in seinem Gästezimmer ein Sofa aufgeklappt, sodass ein großes Bett entstanden ist. Nun liegen dort zwei Kopfkissen, zwei Bettdecken, der Kuschelhase von Rieke und die kleine Stoffschnecke von Djamal. Sie dürfen im Schlafanzug vor dem Fernseher ein Brot mit Käse essen und danach gibt es sogar noch ein paar Chips. Nach dem Zähneputzen geht es ins Bett.

Opa Hugo liest Rieke und Djamal eine Geschichte zum Einschlafen vor. Er legt sich in die Mitte zwischen Rieke und Djamal. So können beide die Bilder im Buch sehen. Die Geschichte ist großartig, aber der Einzige, der beim Vorlesen einschläft, ist der Opa. Die letzte Seite des Buches müssen die Kinder sich deshalb allein angucken und raten, was dazu geschrieben steht.

Opa Hugo ist schon alt und Rieke und Djamal beschließen, dass er viel Schlaf braucht. Also decken sie ihn ordentlich zu und schleichen sich aus dem Zimmer. Sie legen sich auf das Sofa im Wohnzimmer. Es ist etwas schmal, aber sehr gemütlich. Eine Wolldecke haben sie auch. Die halb leere Chipstüte liegt praktischerweise noch auf dem Wohnzimmertisch. Rieke und Djamal essen die letzten Chips und schlafen dann auch ein.

Am nächsten Morgen hat Opa Hugo ein wunderbares Frühstück vorbereitet. Rieke und Djamal essen Brötchen mit Honig und trinken Kakao. Danach spielen sie auf dem großen Wohnzimmerteppich mit Bausteinen. Die Bausteine sind fast so alt wie der Opa Hugo. Sie bauen Höhlen für kleine Höhlenmenschen bis zum Mittagessen.

Leider ist Opa Hugo der Reis angebrannt und die Würstchen sind verkohlt. Deshalb frühstücken sie einfach noch einmal. Nach dem Mittagessen legt sich Opa Hugo zum Mittagsschlaf hin und Rieke und Djamal schleppen alle

5. MEIN TAG

Kissen, die sie in der Wohnung finden, ins Gästezimmer und veranstalten dort eine Kissenschlacht. Am Ende sind sie so erschöpft, dass sie sich in die Kissen kuscheln und einschlafen. – Bis jemand an der Tür klingelt.

Djamals und Riekes Mütter sind da und möchten ihre Kinder abholen. Opa Hugo öffnet die Tür und führt sie ins Gästezimmer. Djamal wacht auf und blinzelt. „Wollen wir jetzt wieder frühstücken, Opa Hugo?", murmelt er leise.

Abends erzählen Djamal und Rieke ihren Eltern, dass die Übernachtung super war. Alles war ganz anders als zu Hause und das war aufregend und schön zugleich.

Fragen an die Kinder:

- Wie sieht bei euch ein Tagesablauf aus?
- Ist euer Tagesablauf immer gleich?
- Wann gibt es einmal einen anderen Tagesablauf?

Vor dem Kleiderschrank

Förderschwerpunkt: Wortschatzerweiterung
(Die Kinder verkleiden sich und lernen oder festigen die Wörter für die einzelnen Kleidungsstücke.)

Material: Bildkarten 6 und 7, Kleidungsstücke (Strümpfe/Socken, Schuhe, Hosen/Röcke/Kleider, T-Shirts/Hemden/Blusen, Pullover/dünne Jacken, Hüte/Kopfbedeckungen), großer Spiegel, Fotoapparat/Handykamera, durchsichtiges Klebeband, Schere, großer Schaumstoffwürfel

Vorbereitung: Stellen Sie den Kleider-Würfel her: Drucken Sie die Bildkarten 6 und 7 aus (s. Download-Material) und schneiden Sie die insgesamt sechs Bilder aus. Auf einen (alten) Schaumstoffwürfel wird auf jede Seite eins der Bilder geklebt. Der gesamte Würfel wird dann mit dem durchsichtigen Klebeband umhüllt, sodass die Bilder fest sind.
Legen Sie die Kleidung in den Gruppenraum auf einen Haufen. Stellen Sie den Spiegel so auf, dass alle Kinder sich darin gut betrachten können.

So geht's

Jeden Morgen muss man sich Kleidung anziehen. Fragen Sie die Kinder, wo denn die Kleidungsstücke bei ihnen zu Hause sind. Die Kinder antworten z. B.: „In einem Kleiderschrank." Hier liegen heute ganz viele Kleidungsstücke auf einem Haufen. Ziel des Spiels soll es sein, dass die Kinder sie mithilfe des „Kleidungsstücke-Würfels" nach Kleidungsarten sortieren.

Zeigen Sie zunächst den Kindern jede Seite des Würfels und nennen Sie das Kleidungsstück, welches darauf zu sehen ist. Dann ist das erste Kind an der Reihe und darf würfeln. Das gewürfelte Kleidungsstück muss benannt und in dem Kleiderhaufen gesucht werden. Dieses wird dann auf den Boden neben den Haufen gelegt. Nun würfelt das nächste Kind usw. Am Ende sollen sechs Haufen auf dem Boden liegen mit jeweils:

- Strümpfen und Socken,
- Schuhen,
- Hosen, Röcken und Kleidern,
- T-Shirts, Hemden und Blusen,
- Pullovern und dünnen Jacken,
- Hüten und anderen Kopfbedeckungen.

5. MEIN TAG

Leichte Variante

Die Kinder verkleiden sich mit den angebotenen Kleidungsstücken. Die Kleidungsstücke werden dabei immer benannt, z. B.: „Gibst du mir bitte den roten Rock?“, „Hast du den Strumpf gesehen, der zu diesem hier passt?“ oder „Passt mir der Hut?“ Die Kinder können Rollenspiele machen oder sich auch ganz verrückt anziehen und abschließend in ihrem lustigsten Aufzug fotografiert werden. So kann später noch einmal über die Outfits gesprochen und die einzelnen Kleidungsstücke benannt werden, z. B.: „Das Kleid geht ja bis zum Boden!“, „Die hochhackigen Schuhe sehen lustig aus mit der Polizeimütze!“

Schwere Variante

Die Kinder würfeln und suchen sich eines der Kleidungsstücke aus dem entsprechenden Kleiderhaufen aus. Das Kleidungsstück darf gleich angezogen werden. Auch wenn ein Kind beispielsweise schon eine Hose gewürfelt hat, muss es sich noch eine nehmen, wenn es erneut eine Hose würfelt. Kleidungsstücke, die nicht gebraucht werden, darf das Kind vor sich ausbreiten. Sind die Kleider weggewürfelt, darf getauscht werden, z. B.: „Gibst du mir die blaue Hose?“, „Ja, dafür möchte ich die Mütze. O. k.?“ Am Ende kann das neue Outfit mit einem Foto festgehalten werden.

Im Download
Bildkarten 6 und 7: Kleidungsstücke

Riekes Haus

Förderschwerpunkt: Sprachverständnis
(Die Kinder suchen und beschreiben bestimmte Dinge auf einem Wimmelbild.)

Material: Bildkarte 8

Vorbereitung: Drucken Sie Bildkarte 8 aus (s. Download-Material) und legen Sie sie für das Angebot bereit.

So geht's

Betrachten Sie mit den Kindern das Haus-Bild. Hier wohnt Rieke. Stellen Sie Fragen, welche die Kinder beantworten sollen.

Beispielfragen:

- Wo steht das Bett von Rieke?
- Wo spielt Rieke wohl gern?
- Wo kann Rieke auf die Toilette gehen?
- Wo ist die Haustür?
- Gibt es einen Garten? Wenn ja, wo denn?

Leichte Variante

Beziehen Sie die Fragen nur auf die Funktionsräume im Bild.

Beispielfragen:

- Wo ist das Badezimmer?
- Wo ist die Küche?
- Wo ist das Kinderzimmer?
- Wo ist der Garten?

Im Download
Bildkarte 8: Wimmelbild Riekes Haus

Schwere Variante

Stellen Sie komplexere Fragen.

Beispielfragen:

- Wo schläft Rieke vielleicht am liebsten?
- Wo könnte Rieke sich beim Spielen verstecken?
- Wo könnten sich viele Menschen zum Essen treffen?
- Siehst du das Haustier von Rieke?

5. MEIN TAG

So war das!

Förderschwerpunkt: Erzählfähigkeit
(Die Kinder sortieren Bilder zu einer schlüssigen Geschichte und erzählen diese.)

Material: Bildkarten 9, 10, 11, 12 und 13

Vorbereitung: Drucken Sie die Bildkarten 9, 10, 11, 12 und 13 aus (s. Download-Material) und legen Sie sie für das Angebot bereit.

So geht's

Betrachten Sie mit den Kindern jedes Bild der Bildergeschichten einzeln und fordern Sie sie auf, zu sagen, was sie darauf alles sehen. Danach werden die Karten in zufälliger Reihenfolge auf den Tisch gelegt. Ermuntern Sie die Kinder dann, entsprechend der Bilderanordnung die Geschichte zu erzählen.

In der nächsten Runde werden die Bilder noch einmal neu gemischt und angeordnet. Was kommt nun für eine verrückte Geschichte dabei heraus?

Am Ende des Spiels sortieren die Kinder die Bilder in eine sinnvolle Reihenfolge. Wie lautet die Geschichte nun?

Geschichten der Bildkarten:

- Geschichte 1: „Djamals Tag“
- Geschichte 2: „Rieke kommt in der Kita an“ (leichte Variante)

Im Download
Bildkarten 9, 10, 11, 12 und 13:
Geschichten 1 und 2

Leichte Variante

Erzählen Sie die Geschichte langsam und lassen Sie die Kinder parallel dazu die richtigen Bilder heraussuchen und auf den Tisch legen.

Schwere Variante

Die Kinder erzählen eine gemeinsame Geschichte und suchen parallel die entsprechenden Bilder heraus und legen sie auf den Tisch. Ggf. dürfen sie noch ein oder zwei Bilder dazumalen.

5. MEIN TAG

Wenn ich morgens früh aufstehe ...

Förderschwerpunkt: Grammatik
(Die Kinder singen ein Lied in Reimform.)

Material: Stühle

Vorbereitung: Stellen Sie so viele Stühle, wie Kinder bei diesem Angebot mitmachen, zu einem Stuhlkreis zusammen.

So geht's

Leiten Sie folgendes Lied an:

Wenn ich morgens früh aufstehe ...
(Melodie von „Schornsteinfegerlied")

Wenn ich morgens früh aufstehe
und in meine Kita gehe,
freu ich mich die ganze Zeit,
bis zur Kita ist es nicht weit.

Mit den Kindern will ich essen
und das Spielen nicht vergessen.
Nach dem Mittag ist schon Schluss,
weil ich dann nach Hause muss.

Dann zu Hause weitermachen,
spielen, toben und laut lachen,
wird es draußen dunkel dann,
gehen im Haus die Lichter an.

Abends dann in meinem Bett
wird es noch mal richtig nett.
Beim Spielen mit meinem Kuschelschwein
schlafe ich gemütlich ein.

Leichte Variante

Es wird lediglich die erste Strophe im langsamen Tempo gesungen und mit passenden Bewegungen begleitet.

Schwere Variante

Lassen Sie in jeder Strophe mindestens ein Wort weg und fordern Sie die Kinder dazu auf, das passende Reimwort laut zu rufen:

Wenn ich morgens früh aufstehe
und in meine Kita …,
freu ich mich die ganze Zeit,
bis zur Kita ist es nicht weit.

Mit den Kindern will ich essen
und das Spielen nicht vergessen.
Nach dem Mittag ist schon Schluss,
weil ich dann nach Hause …

Dann zu Hause weitermachen,
spielen, toben und laut …,
wird es draußen dunkel dann,
gehen im Haus die Lichter …

Abends dann in meinem Bett
wird es noch mal richtig …
Beim Spielen mit meinem Kuschelschwein
schlafe ich gemütlich ein.

Ist jemand zu Hause?

Förderschwerpunkt: Kommunikation
(Die Kinder gehen in einen Dialog, wenn sie sich in ihrem Zuhause einen Besuch abstatten.)

Material: Umzugskartons, Krepppapier, Schere, Klebeband, Wachsmalstifte, ggf. Dosen, Nagel, Schnur

Vorbereitung: Legen Sie alle Gestaltungsmaterialien für das Angebot aus.

So geht's

Geben Sie jedem Kind mindestens einen Karton. Aus diesem baut sich jedes Kind ein eigenes Haus. Unterstützen Sie die Kinder beim Bau, wenn es nötig ist. Möglicherweise wird beim Einschneiden von Türen und Fenstern in den Karton Hilfe gebraucht (Benutzen Sie hierfür ggf. einen Cutter!). Die Kinder können ihre Häuser mit den vorgesehenen Materialien dann gestalten.

Sobald alle fertig sind, können Sie folgendes Rollenspiel anleiten: Die Kinder besuchen sich gegenseitig in ihren Häusern. So klingeln sie beispielsweise an den Haustüren und sagen: „Darf ich hereinkommen?", „Oh, ist das schön bei dir!" oder „Wollen wir Pia besuchen? Sie hat ganz wunderschöne Gardinen in ihrem Haus."

Leichte Variante

Falls diese Spielsituation für ein Kind überfordernd ist, können Sie es begleiten und beispielsweise sagen: „Komm, Smilla! Wir besuchen jetzt Aylin. Wir bringen ihr ein Stück Kuchen mit."

Schwere Variante

Die Kinder bauen sich mit Ihrer Hilfe Dosentelefone und telefonieren (aus ihren Häusern) miteinander.

Anleitung zum Bau eines Dosentelefons

1. Nehmen Sie zwei leere, gereinigte Konservendosen.
2. Bohren Sie mit einem Nagel ein Loch in den Boden jeder Dose.
3. Schneiden Sie ein Stück der Schnur ab, sodass es mindestens doppelt so lang ist wie der Abstand zwischen den beiden Dosen.
4. Führen Sie die Schnur durch das Loch am Boden der ersten Dose und knoten Sie diese fest, damit sie nicht herausrutscht.
5. Wiederholen Sie den Vorgang mit der zweiten Dose, sodass beide Dosen durch die Schnur miteinander verbunden sind.

Nach dem Spielen: Zimmer aufräumen!

Förderschwerpunkt: Artikulation
(Die Kinder trainieren durch das Ansaugen ihre Mundmotorik und die gezielt eingesetzte Atmung.)

Material: Strohhalme, Papier, Tisch, Mülleimer

Vorbereitung: Reißen Sie das Papier in kleine Schnipsel und zerknüllen Sie sie zu kleinen Kugeln. Verteilen Sie sie auf dem Tisch.

So geht's

Wenn man den ganzen Tag zu Hause gespielt hat, ist manchmal ein kleines Chaos entstanden. Dann muss erst einmal aufgeräumt werden. Bei diesem Angebot liegt auch viel Papier (Papierkugeln, die Sie vorher ausgelegt haben) auf dem Tisch herum. Sagen Sie den Kindern, dass wir Glück haben und den supermodernen Mundpapiersauger in der Kita haben. Fragen Sie sie: „Wer hilft beim Papiersaugen?"

Geben Sie jedem Kind einen Strohhalm und machen Sie vor, wie der Papiersauger funktioniert. Nehmen Sie den Strohhalm in den Mund und halten Sie ihn dicht an ein Papier. Dann saugen Sie die Luft ein, sodass das Papier am Strohhalm kleben bleibt. Transportieren Sie das Papier nun zum Mülleimer. Über dem Mülleimer atmen Sie wieder aus und das Papier fliegt hinein.

Jetzt sind die Kinder an der Reihe und machen das auch. Schaffen sie es gemeinsam, den ganzen Tisch vom Papier zu befreien?

Leichte Variante

Der Strohhalm kann zum Pusten benutzt werden. So können die Papiere vom Tisch gepustet werden. Der Mülleimer wird von einem anderen Kind so neben den Tisch gehalten, dass das Papier dort hineinfällt.

Schwere Variante

Der Mülleimer steht etwas weiter vom Tisch entfernt. Die Kinder müssen das Papier länger angesaugt halten, um den Weg dorthin zu bewältigen.

6. ESSEN UND TRINKEN

„Essen und Trinken“ ist ein Grundbedürfnis eines jeden Menschen. Somit hat jedes Kind auch einen Zugang zum Thema. Bei den folgenden Angeboten können Worte gut in Sinnzusammenhänge gebracht werden, z. B. beim gemeinsamen Zubereiten von Speisen.

Das große Frühstück gerät durcheinander

Es ist Freitag. Und so wie jeden Freitag ist auch heute in der Bärengruppe „Großes Frühstück". Die Kinder haben keine Brotdosen von zu Hause dabei, sondern der Kita-Koch Hermann deckt im Kinderrestaurant für alle ein Frühstück ein. Djamal liebt das „Große Frühstück", denn da gibt es kleine Würstchen. Jedenfalls manchmal. „Mal sehen, ob Hermann Würstchen auf den Tisch gestellt hat", denkt Djamal, als er heute in der Garderobe seine Hausschuhe anzieht.

Da kommt seine Freundin Rieke. „Djamal!", ruft sie aufgeregt. „Komm schnell mit raus! Ich muss dir etwas zeigen!" – „Geht nicht", sagt Djamal, „habe schon Hausschuhe an." – „Egal!", sagt Rieke und springt ungeduldig auf der Stelle. „Es ist oberwichtig und supercool. Also los!" Djamal guckt sich um. Henni, die Erzieherin, und Pauli, der gerade sein Praktikum in der Bärengruppe macht, sind im Gruppenraum. Da könnte er mal ganz kurz herausflitzen, um zu gucken, was Rieke ihm zeigen will. Rieke läuft vor und er hinterher. Sie lehnt sich gegen die schwere Eingangstür und schon sind sie draußen.

Djamal macht große Augen. Ein riesiger Hund mit schwarzem Fell guckt Djamal an. „Ist er nicht süß?", fragt Rieke und umarmt den Hund. „Er heißt Fred und der gehört jetzt uns. Also Mama, Papa, Freddy und mir." „Der Morgenkreis beginnt!" Henni kann so laut rufen, dass es sogar draußen zu hören ist. Djamal und Rieke laufen in den Gruppenraum. „Tschüss, Fred!", ruft Rieke beim Laufen dem Hund zu.

Nach dem Morgenkreis geht die ganze Bärengruppe zum Kinderrestaurant. Die Kinder öffnen die Tür und trauen ihren Augen kaum. Der Raum ist ganz durcheinander: Geschirr und Käse, Marmelade- und Honiggläser liegen nicht nur verstreut auf den Tischen herum, sondern auch auf dem

6. ESSEN UND TRINKEN

Fußboden. Das Müsli liegt ausgekippt auf dem Boden. Was ist denn hier passiert? War ein Einbrecher hier? Einer, der sehr hungrig war? „Hermann!“, ruft Henni, als sie in den Raum kommt. „Hermann! Was ist hier passiert? Und Kinder! Ihr bleibt an der Tür hier stehen.“ Der Koch kommt herein. „Was ist denn das?“, stammelt Hermann entsetzt. „Ich hatte alles gerade so schön hingestellt. Dann fehlte noch die Milch. Die wollte ich aus der Küche holen. Ich bin also in die Küche gegangen – und dann muss das Chaos hier passiert sein.“

Plötzlich brechen die Kinder – eins nach dem anderen – in Gelächter aus. Sie zeigen unter den Tisch: Dort liegt Fred glücklich und zufrieden und schmatzt. Ein Würstchen hängt ihm noch aus dem Maul.

Fragen an die Kinder:

- Was würdet ihr denken, wenn ihr in den Raum kommt und alles ist durcheinander?
- Wie hätte der Koch Hermann verhindern können, dass ein solches Chaos im Frühstücksraum verursacht wird?
- Habt ihr auch Haustiere, die manchmal Chaos verursachen? Was genau haben sie schon einmal gemacht?
- Gibt es bei euch in der Kita auch ganz besondere Essen, die regelmäßig stattfinden und auf die sich alle freuen? Welche?

Im Download
Bildkarte 14: Wimmelbild im Kinderrestaurant

6. ESSEN UND TRINKEN

Wo ist …?

Förderschwerpunkt: Grammatik
(Die Kinder bilden Fragesätze und Antworten im ganzen Satz.)

Material: Bildkarte 14

Vorbereitung: Drucken Sie Bildkarte 14 aus (s. Download-Material) und legen Sie sie für das Angebot bereit.

So geht's

Stellen Sie den Kindern Fragen zum „Wimmelbild im Kinderrestaurant" und fordern Sie sie auf, darauf Antworten zu finden und diese zu äußern.

Beispielfrage- und -antwortsätze:

- Was macht der Hund unter dem Tisch? Er liegt und isst.
- Wo ist das Müsli? Das Müsli ist auf dem Boden.
- Wer steht an der Tür? Die Kinder stehen an der Tür.

Im Download
Bildkarte 14:
Wimmelbild im Kinderrestaurant

Leichte Variante

Zeigen Sie beim Stellen der Fragen auf den entsprechenden Platz auf dem Bild.

Schwere Variante

Die Kinder denken sich abwechselnd selbst Fragen aus und stellen sie. Andere Kinder der Gruppe antworten darauf.

6. ESSEN UND TRINKEN

Obstsalat

Förderschwerpunkt: Sprachverständnis
(Die Kinder üben, die verbalen Anweisungen zu verstehen und umzusetzen.)

Material: Handpuppe, Obst (z. B. Banane, Apfel, Birne, Weintrauben, Erdbeeren, Orange), Schneidemesser, Schneidebrett, große Schüssel, kleine Schüsseln und Löffel, großer Löffel

Vorbereitung: Stellen Sie das Obst und die Küchenutensilien bereit. Fordern Sie die Kinder auf, sich die Hände zu waschen. Helfen Sie ihnen dabei, falls nötig, lange Haare zu einem Zopf zusammenzubinden.

So geht's

Spielen Sie mit der Handpuppe Klaus den Koch. Dieser sagt z. B.:

„Liebe Kinder, ich bin Klaus. Und ich arbeite auch als Koch. Heute muss ich einen Obstsalat machen, aber ich habe mir vorgestern das Handgelenk verstaucht. Das tut immer noch weh. Ich konnte noch einkaufen gehen, aber den Salat machen, nee, das kann ich heute nicht. Wie gut, dass ihr alle da seid. Helft ihr mir?"

Weisen Sie die Kinder mit der Handpuppe dazu an, was sie zu tun haben, bis der Obstsalat fertig ist. Gehen Sie mit der Puppe dabei auch mit den Kindern in einen Dialog.

Beispielanweisungen:

- Wascht bitte den Apfel und die Birne ab. Nehmt euch jeweils ein Schneidebrett. Habt ihr alle eins?
- Ja, was machen wir nun mit dieser Banane? Soll sie auch abgewaschen werden?
- Welche der Obstsorten magst du besonders gern?

Am Ende darf sich jedes Kind eine kleine Schüssel nehmen und sich etwas von dem Obstsalat auftun. Gemeinsam essen alle den Salat. Wie schmeckt er? Und wie schmeckt es Klaus Koch?

Leichte Variante

Machen Sie mit, sodass sich die Kinder auch an Ihren Handlungen orientieren können.

Schwere Variante

Es kommen komplexere Arbeitsgänge dazu, z. B. eine Orange auspressen. Der Saft wird anschließend über den Salat gegeben.

Hinweis
Achten Sie bei der Auswahl der Obstsorten unbedingt auf eventuelle Lebensmittelunverträglichkeiten der Kinder!

6. ESSEN UND TRINKEN

Der große Geschmackstest

Förderschwerpunkt: Wortschatzerweiterung
(Die Kinder erlernen oder festigen Adjektive, die Geschmacksrichtungen beschreiben.)

Material: verschiedene Lebensmittel (z. B. Chicorée, Zitronenjoghurt [selbst angerührt mit Zitrone und Naturjoghurt], Honigwaffel, salziges Laugengebäck), pro Lebensmittel Schälchen und für jedes Kind einen Löffel, Augenbinde, Tisch, Stühle

Vorbereitung: Schneiden Sie jedes Lebensmittel in mundgerechte Häppchen und geben Sie diese jeweils in Schälchen. Stellen Sie die Schälchen auf einem Tisch im Gruppenraum bereit. Fordern Sie die Kinder auf, sich vor Beginn des Spiels die Hände zu waschen.

So geht's

Die Kinder sitzen am Tisch. Ein Kind, welches gern möchte, bekommt von Ihnen die Augen verbunden (oder schließt sie ohne Augenbinde). Ein anderes Kind reicht dem nicht sehenden Kind eines der Nahrungsmittel an, sodass es dieses probieren kann. Für den Zitronenjoghurt wird für jedes Kind ein neuer Teelöffel genutzt. Das Kind nimmt den Geschmack wahr. Wie schmeckt es? Kennt das Kind das Adjektiv nicht, helfen Sie und die anderen Kinder beim Benennen.

Beispielantworten:

- Der Zitronenjoghurt schmeckt sauer.
- Der Chicorée schmeckt bitter.
- Das Laugengebäck schmeckt salzig.
- Die Honigwaffel schmeckt süß.

Anschließend ist ein anderes Kind an der Reihe. Es gilt bei diesem Spiel die Regel: Kein Kind muss mitspielen! Essen ist ein intimes Vorgehen und niemand darf dazu gezwungen werden.

Leichte Variante

Die Kinder sehen, was sie essen, und probieren gleichzeitig etwas. Dann lernen alle zusammen das Wort dazu.

Schwere Variante

Die Kinder sehen vorher nicht, was „im Angebot" ist. So können sie sich nicht darauf einstellen und der Überraschungseffekt ist größer.

Hinweis
Bitte auch hier: Unbedingt bei der Auswahl der Lebensmittel für dieses Angebot auf eventuelle Lebensmittelunverträglichkeiten der Kinder achten!

6. ESSEN UND TRINKEN

Kaugummigymnastik

Förderschwerpunkt: Artikulation
(Die Kinder trainieren ihre Mundmotorik.)

Material: zuckerfreie Kaugummis für alle Kinder, Kissen

Vorbereitung: Verteilen Sie die Kissen in der passenden Anzahl, wie es teilnehmende Kinder gibt, im Raum, sodass ein Sitzkreis entsteht.

So geht's

Jedes Kind bekommt einen Kaugummi. Erklären Sie den Kindern, dass sie den Kaugummi nur im Mund haben dürfen. Wenn sie ihn nicht mehr möchten, wird er in den Mülleimer gespuckt. Er darf niemals hinuntergeschluckt werden. Dann geht es los mit der Kaugummigymnastik! Leiten Sie die einzelnen Übungen an.

Beispielübungen:

- Kaugummi kauen, bis er weich wird
- mit geschlossenen Lippen kauen
- mit offenem Mund kauen, sodass man laut schmatzt
- Kaugummi verstecken, indem er unter die Zunge geschoben wird (ohne die Hände zu Hilfe zu nehmen): Alle Kinder machen den Mund weit auf! Kein Kaugummi zu sehen?
- Kaugummi wieder hervorholen und in schneller Frequenz kauen
- ganz langsam mit großen Bewegungen kauen
- Kaugummi in die linke Wange schieben und dort kauen
- Kaugummi in die rechte Wange schieben und dort kauen
- Kaugummi mit der Zunge unter die Oberlippe schieben
- Kaugummi mit der Zunge unter die Unterlippe schieben
- Kaugummi kauen und dabei lustige Grimassen machen

Gehen Sie am Ende der Übungen mit dem Mülleimer herum und fordern Sie die Kinder dazu auf, den Kaugummi hineinzuspucken. Wie fühlen sich nun die Muskeln rund um den Kiefer an? Nach der anstrengenden Gymnastik werden die Kiefermuskeln mit den Händen in Richtung Kinn ausgestrichen.

Leichte Variante

Führen Sie nur die ersten der drei eben genannten Beispielübungen durch, dies aber im Wechsel. Zum Schluss sollen die Kinder den Kaugummi im Mund verstecken und zur Kontrolle den Mund ganz weit aufmachen.

Schwere Variante

Zur Steigerung können die Kinder auch versuchen, einen Kaugummifaden zu kauen und um die Zunge zu wickeln, ohne ihre Hände zu Hilfe zu nehmen.

6. ESSEN UND TRINKEN

Einmal „Pizza Gummibärchen“, bitte!

Förderschwerpunkt: Erzählfähigkeit
(Die Kinder werden aufgefordert, ihre selbst kreierte Pizza vorzustellen.)

Material: buntes Papier, Schere, Klebstoff, Buntstifte, Pappe, evtl. Werbeprospekte mit Lebensmittelabbildungen, Tisch, Stühle

Vorbereitung: Schneiden Sie für jedes Kind einen Kreis aus Pappe (Durchmesser 30 cm) zu. Legen Sie das Gestaltungsmaterial auf einem Tisch bereit.

So geht's

Geben Sie jedem Kind ein Stück runde Pappe. Das ist der Pizzaboden. Nun haben alle die Aufgabe, eine neue Pizzasorte zu gestalten. Wenn alles möglich wäre, womit würden die Kinder die Pizza am liebsten belegen? Fragen Sie die Kinder, wie ihre Traumpizza aussieht! Jedes Kind soll zunächst für sich eine Antwort überlegen und dann tauschen alle ihre Ideen gemeinsam aus.

Nehmen Sie die bunten Papiere und schneiden Sie den von den Kindern gewünschten Pizzabelag aus, z. B. Tomaten- oder Salamischeiben. Wahlweise können die Kinder den Belag auch malen, z. B. Gummibärchen oder Wackelpudding. Wenn alle ihre Traumpizza fertig belegt haben, braucht sie natürlich noch einen Namen, z. B. „Pizza Pippi Langstrumpf“ oder „Pizza Döner“.

Fordern Sie die Kinder auf, nacheinander ihre Pizza den anderen vorzustellen. Was ist darauf? Warum genau das? Alle sollen erzählen, wieso sie diese Pizza kreiert haben.

Leichte Variante

Die Kinder schneiden Lebensmittel aus Werbeprospekten aus und kleben sie auf die Pizza. So können die anderen Kinder die einzelnen Zutaten auch verstehen, wenn das Kind den Begriff möglicherweise nicht weiß.

Schwere Variante

Legen Sie alle Pizzen in die Kreismitte. Ein Kind stellt seine Pizza vor, sagt aber nicht, um welche es sich handelt. Die anderen Kinder erraten danach, welche Pizza gemeint ist.

Im Restaurant

Förderschwerpunkt: Kommunikationsfähigkeit
(Die Kinder treten im Rollenspiel in einen Dialog.)

Material: Verkleidungs- und Rollenspielutensilien zum Thema „Restaurantbesuch", ggf. Schalen mit Wasser

Vorbereitung: Sortieren Sie die Rollenspielutensilien vor und bieten Sie sie ansprechend an.

So geht's

Laden Sie die Kinder zum Rollenspiel „Im Restaurant" ein. Wer möchte Kellner*in sein? Wer möchte Gast sein? Was möchten die Gäste essen? Nehmen Sie aktiv am Rollenspiel teil und gehen Sie auf die Impulse und Spielideen der Kinder ein. Fordern Sie die Kinder zum Dialog auf, z. B.: „Ihre Bestellung, bitte. Was haben Sie für einen Wunsch?", „Nur Ketchup? Ich könnte Ihnen heute Pommes dazu empfehlen?" usw.

Leichte Variante

Es gibt eine überschaubare Spielsituation. Bauen Sie einen Imbiss auf oder auch im Sandkasten einen Eisstand. Ein oder zwei Kinder sind die Verkäufer*innen und die anderen Kinder die Gäste.

Schwere Variante

Auch Hunde sind ausdrücklich in diesem Restaurant erwünscht. Es dürfen Schalen mit Wasser gefüllt werden und pro Schale darf ein Kind das Wasser trinken, ohne die Hände zu Hilfe zu nehmen. Hier wird die Mundmotorik (Sprachförderungsbereich Artikulation) gefordert und gefördert.

7. SUPERHELD*INNEN

Die meisten Kita-Kinder kennen Superheld*innen. Selbst wenn sie Serien oder Filme mit ihnen nie gesehen haben, wissen sie aus Erzählungen anderer Kinder, welche Figuren es gibt und was sie für besondere Kräfte habe. In der Kita sind sie häufig allgegenwärtig und in aller Munde. Egal, ob sie abgebildet sind auf T-Shirts, Brotdosen, Heften oder im Rollenspiel der Kinder zum Einsatz kommen. Im Rahmen dieses Sprachübungskomplexes können die Kinder in das Superheld*innen-Thema eintauchen.

Was willst du denn mal werden?

Heute ist in der Bärengruppe ein besonderer Tag. Die im Altenpflegeheim nebenan lebenden Menschen kommen zu Besuch in die Kita. Henni hat den Morgenkreis deshalb ganz groß gemacht. Schließlich sollen alle Platz finden. Und die älteren Menschen dürfen auf großen Stühlen sitzen.

Sie kommen! Djamal und Rieke sind etwas enttäuscht. Sie dachten, dass alle von nebenan kommen, also insgesamt 100 Leute. Aber nun sitzen nur vier der älteren Menschen im Morgenkreis: Frau Peters, Herr Hahn, Frau Özgül und den anderen Namen können sich Djamal und Rieke nie merken. Sie kennen sie alle gut, denn wenn die Bärengruppe zum Singen ins Altenpflegeheim geht, sind diese vier immer dabei. Sie sind sehr nett. Schön, dass sie nun auch einmal in der Kita zu Besuch sind.

Gemeinsam singen sie das Lied von den fleißigen Handwerkern. Das kennen alle. Und danach ist Erzählrunde. Es gibt einen Redestein und jemand darf eine Frage an alle stellen. Wer möchte, darf den Redestein in der Hand halten und die Frage beantworten. Zuerst darf Paul eine Frage stellen, denn er ist das Tageskind. „Wie alt wollt ihr noch werden?", fragt er. Die älteren Menschen lachen. „100!", ruft Frau Peters, obwohl sie den Redestein nicht hat. Paul gibt ihr den Stein. „100!", wiederholt sie. „100 Jahre alt ist auch meine Schwester geworden. Das ist eine wunderschöne Zahl. Und jetzt stelle ich eine Frage, ja?" Sie schaut in die Runde und fragt: „Was wollt ihr denn einmal werden, wenn ihr groß seid?" Viele Kinder melden sich. Djamal nicht. Er überlegt. Was will er werden? Vielleicht ein Arzt wie sein Onkel? Der fährt sogar mit Blaulicht im Krankenwagen durch die Stadt.

7. SUPERHELD*INNEN

Rieke meldet sich und Frau Peters nimmt sie dran: „Ich will Superheldin werden!“ – „Ist das denn ein Beruf?“, fragt Henni. „Klar doch“, sagt Rieke überzeugt. „Ich werde jeden Morgen zur Arbeit gehen. Und wenn der Bus im Stau steht, fliege ich einfach das letzte Stück bis zum Superheldenhaus. In dem Haus ist die Zentrale. Ich ziehe mir dort einen schicken Anzug an und warte auf meinen Einsatz. Und je nachdem, was in der Stadt passiert, muss ich ausrücken und helfen.“ – „Wem hilfst du?“, fragt Herr Hahn und fügt hinzu: „Ich hatte mein Hörgerät nicht angestellt und habe es deshalb nicht richtig verstanden.“ – „Ach so“, sagt Rieke. „Wem ich helfe? Ja, also, wenn ein Bankräuber gefangen werden muss, dann schnappe ich ihn und bringe ihn zur Polizei. Wenn ein Kind sich verlaufen hat, dann bringe ich es nach Hause. Und wenn beim Dönerladen mal wieder viel los ist, weil der Verkäufer allein ist, dann helfe ich auch da mal aus.“ – „Das ist ja ein toller Beruf. Zu meiner Zeit gab es so etwas nicht.“ Frau Özgül nickt anerkennend.

Fragen an die Kinder:

- Würdet ihr auch gern ein Superheld oder eine Superheldin sein?
- Wenn ja, was würdet ihr dann tun?
- Was sind eure Lieblingsfiguren?
- Welche besonderen Kräfte haben sie?

7. SUPERHELD*INNEN

Fünf Superheld*innen haben was zu melden!

Förderschwerpunkt: Artikulation
(Die Kinder sprechen den Reim des Fingerspieles mit.)

Material: Stühle

Vorbereitung: Stellen Sie so viele Stühle, wie Kinder bei diesem Angebot mitmachen, zu einem Stuhlkreis zusammen.

So geht's

Leiten Sie das folgende Fingerspiel an.

Fünf Superheld*innen haben was zu melden!	
Fünf Superheld*innen haben was zu melden!	*die Faust in die Luft strecken*
Der erste schreit: „Haha!“	*den kleinen Finger ausstrecken und laut „Haha!“ rufen*
Die zweite kreischt: „Hihi!“	*den Ringfinger dazu ausstrecken und ganz laut „Hihi!“ rufen*
Die dritte brummt: „Huhu!“	*den Mittelfinger dazu ausstrecken und ganz laut „Huhu!“ rufen*
Der vierte ruft: „Hoho!“	*den Zeigefinger dazu ausstrecken und ganz laut „Hoho!“ rufen*
Auch der fünfte ist ganz nett, aber er bleibt heut im Bett.	*den Daumen zur Handfläche führen und die anderen Finger darüber schließen*

7. SUPERHELD*INNEN

Mein*e Held*in bewegt sich so ...

Förderschwerpunkt: Wortschatzerweiterung
(Die Kinder lernen oder festigen differenzierte Wörter für Fortbewegungsarten.)

Material: kein Material nötig

Vorbereitung: keine Vorbereitung nötig

So geht's

Die Kinder stehen im Kreis. Die Kinder sind Superheld*innen. Wie können sich diese fortbewegen?

Das erste Kind beginnt und sagt: „Mein Held kann fliegen." Alle Kinder laufen mit ausgebreiteten Armen und Flugbewegungen machend durch den Raum. Dann stellen sie sich wieder in den Kreis.

Das nächste Kind erzählt: „Meine Heldin kann die Wände hochkrabbeln!" Alle Kinder krabbeln auf Tische und Stühle.

Nach diesem Prinzip werden viele unterschiedliche Fortbewegungsarten ausprobiert und von den Kindern differenziert benannt.

Beispielbewegungen der Held*innen:

- Mein Held krabbelt.
- Mein Held fliegt.
- Meine Heldin sitzt auf einem fliegenden Besen.
- Meine Heldin kann mit einem Sommerkleid schnell im Schnee laufen.
- Mein Held kann ein Feuerwehrauto fahren.

Leichte Variante

Die Kinder stehen im Kreis. Benennen Sie einen Superhelden oder eine Superheldin, nennen Sie die Fortbewegungsart, die ihn*sie besonders macht, und machen Sie sie einmal vor. Die Kinder machen mit. Während der Aktivitätsphase wird die Fortbewegungsart von Ihnen immer wieder benannt, z. B.: „Und mein Superheld fliegt heute ganz hoch. Er ist schon über dem großen Haus. Und nun fliegt er um eine Kurve ..."

Schwere Variante

Die Kinder denken sich eigene Superheld*innen aus und stellen sie den anderen mit ihren Namen und jeweiligen besonderen Fortbewegungsarten vor.

Beispiele:

- Mr. Hüpf hüpft wie ein Frosch.
- Gangsterrolli rollt sich leise über den Boden.
- Rückwärtsgirl geht rückwärts.
- Humpelfred humpelt und kann mit seinem nachziehenden Bein Raketen abfeuern, wenn es nötig ist.

7. SUPERHELD*INNEN

Wie rettet Megablink die Welt?

Förderschwerpunkt: Erzählfähigkeit
(Die Kinder denken sich das Ende einer Geschichte aus und erzählen es.)

Material: Kissen

Vorbereitung: Verteilen Sie die Kissen in der passenden Anzahl, wie es teilnehmende Kinder gibt, im Raum, sodass ein Sitzkreis entsteht.

So geht's

Lesen Sie den Kindern die folgende Geschichte vor. Leider fehlt das Ende. Wie könnte die Geschichte abschließen? Fordern Sie die Kinder auf, sich etwas auszudenken und zu überlegen, was passieren könnte. Die Kinder erzählen dann nacheinander, wie die Geschichte aus ihrer Sicht enden könnte. Welche Ideen haben die Kinder?

Marlon in der Bäckerei

Marlon darf heute ganz allein in die Bäckerei gehen. Er hat Geld von seiner Mutter bekommen, einen 10-Euro-Schein. So viel Geld hatte er noch nie in der Hand. Marlon soll sechs Brötchen holen und zwei Hörnchen und dann darf er sich noch etwas aussuchen, z. B. ein Schokobrötchen. Marlon ist aufgeregt. Seine Hände sind vor Aufregung feucht. Genauso wie der Geldschein, den er fest in seiner Faust hält.

In der Bäckerei ist es sehr voll. Mindestens fünf Menschen stehen vor ihm. Er stellt sich hinten an und wartet. Das dauert aber lange. Immer wieder guckt Marlon, ob das Geld noch da ist. Ja, es ist noch in seiner Hand. Jetzt sind nur noch zwei Menschen vor ihm. Dann nur noch einer. Und jetzt ist Marlon endlich an der Reihe. „Sechs Brötchen, bitte!", sagt er. „Und zwei Hörnchen und ein Schokobrötchen, bitte!" Doch die Verkäuferin hinter dem riesigen Tresen sieht ihn nicht. Wenn sie sich nur ein wenig vorbeugen würde, würde sie den Kopf von Marlon entdecken. Aber das tut sie nicht. „Sechs Brötchen, bitte!", wiederholt Marlon. Aber die Verkäuferin hört ihn anscheinend nicht. Marlon spricht sehr leise. Das ist sicher die Aufregung. So ganz allein beim Bäcker. Ohne Mama oder Papa. Mit so viel Geld in der Hand. Das ist ein kleines Abenteuer. Aber nun möchte er das Abenteuer zu Ende bringen und die Brötchen haben.

7. SUPERHELD*INNEN

„Was darf es für Sie sein?", fragt die Verkäuferin den Mann hinter Marlon. „Vier Mohnbrötchen, bitte", sagt er und schon bekommt er eine Tüte gereicht und über Marlons Kopf wird das Geld für diese Brötchen auf den Tresen gelegt. Marlon ist verzweifelt. Die Verkäuferin sieht ihn nicht. Die Verkäuferin hört ihn nicht. Und die Erwachsenen hinter ihm interessieren sich nicht für ihn.

Da fliegt Megablink mit dem roten Glitzeranzug in die Bäckerei. Wenn es irgendwo ein Problem gibt, ist Megablink zur Stelle, um dieses zu lösen. Marlon sieht Megablink sofort. „Megablink?!", flüstert er ungläubig. „Ja, Megablink wird mir helfen!"

Wie geht die Geschichte weiter?

Leichte Variante

Lesen Sie folgende vereinfachte Geschichte vor und die Kinder erzählen das Ende.

Marlon in der Bäckerei

Marlon geht ohne Mama oder Papa in die Bäckerei. Er darf allein Brötchen kaufen. Marlon ist sehr aufgeregt. In der Bäckerei ist es sehr voll. Viele Menschen stehen dort. Marlon stellt sich hinten in die Warteschlange. Nun ist er endlich an der Reihe: „Sechs Brötchen, bitte!", sagt er. Die Verkäuferin hinter dem riesigen Tresen sieht den kleinen Marlon nicht. „Sechs Brötchen, bitte!", sagt er noch einmal. Aber die Verkäuferin hört ihn nicht. Sie bedient den Mann, der hinter ihm steht. Marlon wird einfach übersehen. Was soll er nur tun?

Da kommt Hilfe! Megablink, die Superheldenfigur, fliegt im Glitzeranzug in die Bäckerei. „Megablink ist da!", denkt Marlon. „Megablink hat bestimmt eine Lösung und kann mir helfen!"

Wie geht die Geschichte weiter?

Schwere Variante

Die Kinder tauschen ihre Ideen aus und einigen sich auf eine gemeinsame Geschichte. Schreiben Sie diese auf. Am Ende wird die komplette Geschichte beispielsweise der ganzen Kita-Gruppe vorgelesen.

7. SUPERHELD*INNEN

Gymnastik mit Superheldin Supipupi

Förderschwerpunkt: Sprachverständnis
(Die Kinder setzen eine gehörte Geschichte in Bewegung um.)

Material: Stühle

Vorbereitung: Stellen Sie so viele Stühle, wie Kinder bei diesem Angebot mitmachen, zu einem Stuhlkreis zusammen.

So geht's

Erzählen Sie mit viel Betonung und ggf. angedeuteten Bewegungen folgende Geschichte. Fordern Sie die Kinder auf, die entsprechenden Bewegungen dazu zu machen.

Gymnastik mit Superheldin Supipupi	
Die Superheldin Supipupi sitzt auf ihrem Stuhl. Ihr ist langweilig und sie wackelt vor Langeweile mit den Beinen.	*Die Kinder sitzen auf dem Stuhl und wackeln mit den Beinen.*
„Nichts los heute", denkt sie und wackelt mit dem Kopf.	*Die Kinder wackeln mit den Beinen und mit dem Kopf.*
Plötzlich hört Superpupi auf, zu wackeln, und macht ein erfreutes Gesicht: „Zeit für ein wenig Superheldinnengymnastik!"	*Die Kinder setzen sich gerade auf den Stuhl und lächeln.*
Zuallererst fährt Superpupi auf ihrem Superheldinnenfahrrad.	*Die Kinder strecken die Beine aus und machen eine Fahrradfahrbewegung.*
Nun stellt sich Superpupi auf den Stuhl und springt wieder herunter.	*Die Kinder steigen auf den Stuhl und springen hinunter.*
Superpupi stellt sich vor den Stuhl und kreist mit einem Arm.	*Die Kinder kreisen mit einem Arm.*
Erst langsam und dann immer schneller.	*Die Kinder kreisen schneller mit dem Arm.*

7. SUPERHELD*INNEN

Gymnastik mit Superheldin Supipupi	
Dasselbe geht auch mit dem anderen Arm.	*Die Kinder kreisen mit dem anderen Arm.*
Wie schnell kann dieser Arm kreisen?	*Die Kinder kreisen schneller mit dem Arm.*
Ganz schön anstrengend diese Gymnastik. Die Superheldin legt sich vor den Stuhl auf den Rücken und legt die Füße auf den Stuhl.	*Die Kinder legen sich vor ihren Stuhl auf den Rücken und legen ihre Füße auf den Stuhl.*
Superpupi verschränkt die Arme hinter dem Kopf und denkt zufrieden: „Was für eine schöne Gymnastik. Das hier ist meine Lieblingsübung.“	*Die Kinder verschränken die Arme hinter ihrem Kopf.*

Leichte Variante

Machen Sie die Bewegungen mit, sodass sich die Kinder nicht ausschließlich auf das Gehörte verlassen müssen.

Schwere Variante

Die Kinder beschreiben jeweils eine Gymnastikübung, die die anderen ausführen.

7. SUPERHELD*INNEN

Mit Doc Fledermaus durch die Nacht

Förderschwerpunkt: Kommunikationsfähigkeit
(Die Kinder lotsen ein anderes Kind sprechend durch den Raum.)

Material: Augenbinden

Vorbereitung: Spielen Sie das Angebot in einem großen Raum, in dem möglichst keine (oder wenig) Möbel und Materialien sind (z. B. Bewegungsraum).

So geht's

Die Kinder bilden Teams. Ein Kind bekommt eine Augenbinde. Das ist Doc Fledermaus. Doc Fledermaus wird nachts aktiv. Leider sieht Doc nicht viel, wenn alles dunkel ist. Deshalb ist Doc auf Helfer Robin angewiesen, der stets ein Nachtsichtgerät mit sich trägt. Robin lotst Doc Fledermaus quer durch den Raum, indem er Doc locker am Arm fasst und ihm die Richtung nennt. Robin muss sehr verlässlich sein und ist dafür verantwortlich, dass Doc Fledermaus nicht gegen eine Wand oder eine andere nachtaktive Superheldenfigur im Raum läuft. Es ist also notwendig, dass Robin Doc Fledermaus die Richtung sagt, in die sich Doc fortbewegen soll.

Beispielfortbewegungsrichtungen:

- vorwärtsgehen
- abbiegen (und dabei am Arm in die gewünschte Richtung lenken)
- stehen bleiben
- rückwärtsgehen

Leichte Variante

Die Kinder können nur „vorwärts-“, „rückwärtsgehen“ und „stehen bleiben“, wenn Sie „Stopp!“ sagen.

Schwere Variante

Robin darf das Tempo steigern und drosseln, wie etwa „schnell geradeaus gehen“ oder „langsam abbiegen“.

Wo ist Megablink?

Förderschwerpunkt: Grammatik
(Die Kinder erläutern durch die Nutzung von Präpositionen, wo die Figur zu finden ist.)

Material: Bildkarte 15

Vorbereitung: Drucken Sie Bildkarte 15 aus (s. Download-Material) und legen Sie sie für das Angebot bereit.

So geht's

Nehmen Sie das Wimmelbild und erläutern Sie den Kindern, dass Megablink (der bereits Marlon in der Bäckerei [s. o.] geholfen hat, dringend Urlaub braucht. Jeden Tag muss Megablink ein neues Abenteuer erleben und anderen Menschen helfen. Megablink ist deshalb sehr müde und möchte sich erholen. Deshalb versteckt sich Megablink im Superheldenhaus. Könnt ihr Megablink finden?

Alle Kinder werden gebeten, die Hände hinter dem Rücken zu verstecken. Die Hände dürfen während des Suchspieles nicht genutzt werden.

Die Kinder betrachten das Bild. Die kleine Superheldenfigur ist an verschiedenen Orten zu sehen. Die Kinder sagen, wo sie Megablink sehen. Fertigen Sie bei Bedarf eine Rednerliste an, sodass nicht alle Kinder durcheinandersprechen.

Im Download
Bildkarte 15:
Wimmelbild mit kleinem Superhelden

Leichte Variante

Die Kinder dürfen bei Bedarf auch mit dem Finger auf die kleine Superheldenfigur im Bild zeigen. Formulieren Sie begleitend dazu eine Frage, z. B: „Sitzt Megablink etwa im Schrank?“

Schwere Variante

Ein Kind beginnt und stellt eine Behauptung auf, wo Megablink zu sehen ist, z. B.: „Megablink liegt im Waschbecken.“ Die Kinder schauen schnell nach. Wenn ein Kind der Meinung ist, dass diese Behauptung nicht stimmt, hebt es die Hand.

8. ZIRKUS

Nicht alle Kinder waren in ihrem Leben schon einmal in einem Zirkus. Die meisten Kinder kennen ihn aber bestimmt aus Bilderbüchern oder Filmen. „Zirkus" ist ein sehr vielfältiges Thema, welches alle Kinder gleichermaßen anspricht.

Die Bärengruppe im Zirkus

Die Bärengruppe der Kita geht heute in den Zirkus. Gleich nach dem Frühstück geht es los. Sie fahren mit dem Bus bis zu einem großen Platz, auf dem ein riesiges Zirkuszelt aufgebaut ist. Djamal, Rieke und die anderen Kinder sind sehr aufgeregt. Bis auf Elena war noch kein Kind zuvor dort gewesen. Ob es dort so ist wie im Bilderbuch über den Zirkus?

Endlich angekommen, nehmen die Kinder auf Holzbänken im großen Zirkuszelt Platz. Es riecht nach Sägespänen, die in der ganzen Manege verstreut sind. Es wird leise Musik gespielt und immer mehr Menschen kommen nun nach und nach auch ins Zelt und setzen sich auf die Bänke. Djamal greift nach Riekes Hand und drückt sie ganz fest vor Aufregung. Das Licht geht aus. Die Musik wird lauter und der Vorhang öffnet sich.

Ein Mann mit einem Mikrofon kommt in die Manege und begrüßt das Publikum. Er kündigt auch gleich die erste Nummer an: die zwei lustigen Clowns. Als diese mit viel zu großen Schuhen in die Manege kommen, klatschen alle im Rhythmus der Musik. Djamal muss Riekes Hand loslassen und sie klatschen beide begeistert und laut mit. Der eine Clown freut sich und winkt den Kindern zu und guckt in alle Richtungen und dann läuft er gegen einen Pfeiler, der in der Manege ist und fällt um. Die Kinder sind bestürzt. Hat er sich etwa verletzt? Doch da macht der Clown eine Rolle rückwärts und steht wieder fröhlich auf zwei Beinen. Die Kinder sind erleichtert. Und plötzlich rutscht dem anderen Clown die Hose runter. Sie hängt ihm nur noch auf Kniehöhe. Er hat eine rosa Unterhose mit weißen Punkten an. Er guckt an sich herunter und rennt schreiend umher. Rieke muss lachen und Djamal auch. Der andere Clown kommt seinem Freund zu Hilfe und zieht ihm die Hose wieder hoch. Sobald er sie loslässt, fällt sie wieder hinunter. Deshalb müssen die beiden Clowns ganz umständlich zusammen gehen und das sieht so lustig aus, dass Djamal fast vom Stuhl fällt.

Die Clowns verlassen die Manege und die Seiltänzerinnen kommen, tanzend und lächelnd, herein. „Oh!", ruft das Publikum. Es sind vier Seiltänzerinnen

8. ZIRKUS

und alle sehen gleich aus: glitzernde Gymnastikanzüge mit einem Federkranz auf dem Kopf. Djamal interessiert sich aber gar nicht so sehr für die Seiltänzerinnen. Er denkt noch über die Clowns nach. Da merkt er, dass er ganz nötig auf die Toilette muss. „Pia!", ruft er der Erzieherin zu. „Pia, wo ist das Klo?" Pia sitzt sehr weit von Djamal entfernt und zeigt in eine Richtung. „Sag Patrick, dass er mitkommen soll." Patrick sitzt hinter Djamal und steht auf: „Alles klar, komm mit. Wir gehen." Sie gehen Richtung Ausgang und stehen dann wieder im Freien. Die Toiletten sind in einer Art Wohnwagen. Djamal geht schnell aufs Klo und Patrick wartet am Eingang auf ihn. Djamal geht vom Toilettenwagen auf Patrick zu und dann sieht er den Clown. Der, der dem anderen die Hose immer wieder hochgezogen hat.

Der Clown telefoniert und scheint in großer Aufregung zu sein: „Wie? Kalle ist krank? Er hat Husten? In drei Minuten brauchen wir ihn hier. Wir sind gleich dran. Wer soll denn sonst aus der Kiste vom Zauberer springen? Wir sind alle zu groß. Ich überlege mir etwas. Ja, gute Besserung an Kalle! Tschüss." Da sieht er Djamal. „Hey, du! Hast du Lust, bei einer Zirkusnummer mitzumachen? Du würdest mir einen riesigen Gefallen tun. Du musst nur in einer Kiste hocken und wenn ich dir ein Klopfzeichen gebe, springst du heraus. Okay?" – „Darf ich?", fragt Djamal Patrick. Dieser zuckt mit den Schultern. „Klar, warum nicht? Ich komme mit und warte dann gleich hinter dem Vorhang, während du deinen Auftritt hast." Der Clown klatscht vor Freude in die Hände: „Super! Ihr seid großartig, Jungs!"

Fünf Minuten später hockt Djamal in einer Kiste. Die beiden Clowns schleppen die Kiste vorsichtig in die Manege. Djamal hört die Musik und wartet auf das Klopfzeichen. „Klopf, klopf" hört er dann und stemmt den Deckel auf, stellt sich hin und springt aus der Kiste. Das Publikum klatscht und sagt: „Oh!", „Ah!" und „Das darf ja wohl nicht wahr sein! Das ist ja unser Djamal!" Das Letzte hat Pia gerufen. Er schaut in ihre Richtung und verbeugt sich. Ein großartiges Gefühl ist das, findet Djamal.

Fragen an die Kinder:

- Würdet ihr auch gern einmal in einem Zirkus auftreten?
- Was würdet ihr dort gern machen?

8. ZIRKUS

Bunte Seifenblasen

Förderschwerpunkt: Artikulation
(Die Kinder trainieren ihre Mundmotorik und die gezielte Atmung.)

Material: entweder gekaufte, schon fertige kleine Behälter mit Seifenlauge und Plastikschlaufe im Deckel oder die Seifenblasenlauge selbst herstellen: Eimer mit Deckel (für den Transport), 500 ml Wasser, ca. 110 ml Spülmittel, eine Packung Backpulver, 100 g Stärke, Kochlöffel zum Umrühren, Pfeifenputzer

Vorbereitung: Zum Selbstherstellen der Seifenblasenlaugen verrühren Sie die oben genannte Menge Wasser, das Backpulver und die Stärke in einem Eimer miteinander. Geben Sie am Ende das Spülmittel dazu. Danach rühren Sie die Seifenlauge wiederholt kräftig um.

So geht's

Wenn Sie die Seifenblasenlauge und Pustestäbchen mit den Kindern selbst herstellen möchten, dann gehen Sie zunächst wie folgt vor:

Stellen Sie die von Ihnen hergestellte Seifenblasenlauge bereit.

Lassen Sie die Kinder die Pustestäbchen binden, indem sie die Pfeifenreiniger im oberen Teil zu einer Schlaufe formen und darunter in sich zusammenbinden (den übrigen Pfeifenbinderdraht um die Schlaufe drehen und dann als „Haltestiel" nach unten biegen).

Die Pfeifenreiniger-Pustestäbchen werden von den Kindern dann in die Seifenblasenlauge getunkt, sodass sich über dem Loch ein Seifenflüssigkeitsfilm bildet. Jedes Kind pustet vorsichtig hinein.

Das Angebot kann bei schönem Wetter auch im Freien durchgeführt werden!

Hinweis
Achten Sie darauf, dass die Kinder die Flüssigkeit niemals trinken! Weisen Sie die Kinder darauf gezielt hin, bevor Sie das Angebot durchführen und auch währenddessen, wenn nötig.

8. ZIRKUS

Lustige Pferde in der Manege

Förderschwerpunkt: Wortschatzerweiterung
(Die Kinder erlernen oder festigen Wörter, die typisch für den Zirkus sind.)

Material: braune und schwarze Krepppapierstreifen, große Haarspangen

Vorbereitung: Legen Sie die Materialien für die teilnehmenden Kinder bereit.

So geht's

Die Kinder spielen Clowns. Für diese lustige Zirkusnummer bilden immer zwei Clowns jeweils ein Team. Wenn es eine ungerade Kinderanzahl in der Gruppe gibt, können Sie sich z. B. auch als Teampartner*in zur Verfügung stellen. Jedes Team soll ein Pferd darstellen. Dafür stellt sich ein Kind hinter das andere und fasst es um die Hüften. Das hintere Kind darf sich hinten in den Hosenbund einen „Pferdeschweif" (selbst gebastelt mit schwarzen Krepppapierstreifen) stecken. Das vordere Kind darf sich mit einer Haarspange ein Stück „Mähne" (auch mit schwarzen Krepppapierstreifen) in die Haare klemmen.

Stellen Sie sich, wenn alle „Pferde" fertig sind, als Oberclown den Kindern vor und geben Sie ihnen die Kommandos, die sie umsetzen sollen: „Schritt!", „Trab!" und „Galopp!". Zeigen Sie den Kindern die jeweilige Fortbewegungsart. Je nach Kommando müssen die Pferde schnell die Fortbewegungsart wechseln. Schließlich kommen noch die Kommandos „Stopp!" und „Rückwärtsgehen!" dazu. Das ist sehr schwer zu zweit. Aber da es eine Clownvorstellung ist, ist Hinfallen oder Stolpern im Programm inbegriffen.

Leichte Variante

Die Kommandos beschränken sich auf „Langsam!", „Schnell!", „Stopp!" und „Weiter!".

Schwere Variante

Die Pferdeshow wird erweitert durch die Kommandos „Weit springen!" und „Hochspringen!". Die Kinder können sich eigene Bewegungen dazu ausdenken, die ihre Pferde machen können.

8. ZIRKUS

Unglaubliches ist passiert!

Förderschwerpunkt: Erzählfähigkeit
(Die Kinder denken sich zu einem Erzählimpuls eine Geschichte aus und erzählen sie.)

Material: Kissen, Zauberer-Figur, Clownsnase, Jonglierbälle und weitere Zirkusfiguren und -utensilien

Vorbereitung: Verteilen Sie die Kissen in der passenden Anzahl, wie es teilnehmende Kinder gibt, im Raum, sodass ein Sitzkreis entsteht. Legen Sie die Zirkusfiguren und -utensilien für Sie griffbereit dazu.

So geht's

Setzen Sie sich mit den Kindern in den Sitzkreis. Nehmen Sie die Zauberer-Figur und legen Sie sie in die Kreismitte. „Ihr glaubt ja gar nicht, was mir passiert ist! Ich bin letzte Woche im Zirkus gewesen. Der Zauberer ist in die Manege gekommen. Ich saß ganz vorn in der Zuschauerreihe. Der Zauberer kam auf mich zu. Ich schaute ihm in die Augen. Der Zauberer schaute mir in die Augen. Und dann … Ja, was war dann?“ Ein Kind erzählt die Geschichte weiter. Andere Kinder können die Geschichte weiter ergänzen oder ganz zu Ende führen.

Nehmen Sie die Zauberer-Figur weg und legen Sie stattdessen eine Clownsnase in die Kreismitte. „Ihr glaubt ja gar nicht, was mir passiert ist! Ich bin letzte Woche im Zirkus gewesen. Da kam der Clown in die Manege gestolpert. Alle haben gelacht. Das sah witzig aus. Ich saß ganz vorn und der Clown kam direkt auf mich zugelaufen. Ich schaute ihm in die Augen. Er schaute mir in die Augen. Und dann ... Ja, was passierte dann?“

Nach demselben Prinzip werden weitere Dinge einzeln in die Mitte gelegt und die verrücktesten Geschichten dazu erzählt.

Leichte Variante

Ein Kind erzählt zu einer Zirkusfigur etwas, was ihm einfällt. Stellen Sie dazu Fragen als Erzählimpuls.

Schwere Variante

Legen Sie ca. vier Gegenstände in die Kreismitte. Fordern Sie die Kinder dazu auf, gemeinsam eine Geschichte zu erzählen, in der alle vier Gegenstände vorkommen müssen.

8. ZIRKUS

Bewegen wie im Zirkus

Förderschwerpunkt: Sprachverständnis
(Die Kinder müssen die Kommandowörter hören und entsprechend umsetzen.)

Material: Musik

Vorbereitung: Suchen Sie rhythmische Musik heraus und stellen Sie sie im Raum bereit.

So geht's

Fordern Sie die Kinder auf, sich zur Musik durch den Raum zu bewegen. Bei Musikstopp rufen Sie einen Begriff bzw. eine Aufgabe. Die Kinder müssen schnell eine passende Bewegung dazu ausführen.

Beispielbegriffe und -bewegungen:

- Jonglieren: Die Kinder tun so, als würden sie mit Bällen jonglieren.
- Balancieren: Die Kinder balancieren auf einer erdachten Linie am Boden.
- Tanzen: Die Kinder tanzen durch den Raum.

Nach ca. einer Minute wird die Musik wieder angemacht und die Kinder bewegen sich weiter durch den Raum. Wenn die Musik wieder stoppt, kommt ein neues Kommando.

Leichte Variante

Die Kinder entscheiden selbst, wie sie sich zu den Zirkusbegriffen „Zauberer“, „Clown“ und „Seiltänzerin“ bewegen möchten.

Schwere Variante

Sagen Sie immer neue Zirkusbegriffe und fordern Sie die Kinder dazu auf, diese kreativ umzusetzen.

Beispiele:

- Zirkusdirektor*in,
- Trapezkünstler*in
- Zuschauer*in
- Luftballon
- Vorhang
- Manege
- Holzbänke
- Popcorn

8. ZIRKUS

Zirkusmemo

Förderschwerpunkt: Grammatik
(Die Kinder festigen Hauptwörter in der Einzahl und in der Mehrzahl.)

Material: Bildkarten 16 und 17, Schere, Pappe, Klebstoff, ggf. durchsichtige Klebefolie, Tisch, Stühle

Vorbereitung: Drucken Sie die Bildkarten 16 und 17 aus (s. Download-Material), schneiden Sie die Memo-Bilder aus und kleben Sie sie auf Pappe. Damit sie haltbarer sind, ist es gut, sie mit durchsichtiger Klebefolie zu bekleben.

So geht's

Setzen Sie sich mit den Kindern an einen ausreichend großen Tisch mit Stühlen. Legen Sie die vorbereiteten Memo-Karten verdeckt auf den Tisch. Das erste Kind dreht zwei Karten um. Hat es ein Paar, also dasselbe Motiv einmal in der Einzahl und einmal in der Mehrzahl, darf es die Karten aus dem Spiel an sich nehmen und ist noch einmal dran. Wenn nicht, werden die Karten wieder umgedreht und das nächste Kind ist an der Reihe.

Wenn alle Paare gefunden sind, ist das Spiel vorbei. Wer die meisten Paare hat, hat gewonnen.

Begleiten Sie das Spiel sprachlich und animieren Sie die Kinder, laut zu sagen, was sie aufgedeckt haben und was sie suchen. Beispielsweise: „Die Seiltänzerin." – „Ich brauche eine Karte mit vielen Seiltänzerinnen." – „Du hast einen Zauberer." – „Wo lag die Karte mit den vielen Zauberern darauf?"

Im Download
Bildkarten 16 und 17: Zirkusmemo

Leichte Variante

Hat ein Kind kein Paar gefunden, so deckt es lediglich eine Memo-Karte wieder zu. Es sind also immer mehr nicht verdeckte Karten im Spiel – und so lassen sich Paare leichter und schneller finden.

Schwere Variante

Die noch nicht aufgedeckten Memo-Karten werden zwischendurch immer mal wieder verschoben.

8. ZIRKUS

Der Clown schmiert sich ein Brot

Förderschwerpunkt: Kommunikationsfähigkeit
(Die Kinder müssen dem Clown sprachlich genaue Anweisungen geben.)

Material: Teller, Messer, Marmelade, Brotscheibe, Serviette, Tisch, Stühle, Clownsperücke oder -nase, ggf. Korb mit kleinen Bildern, Bonbons oder Luftballons

Vorbereitung: Legen Sie die Materialien auf den Tisch. Stellen Sie einen Stuhl an den Tisch. Die anderen Stühle in passender Anzahl für die teilnehmenden Kindern stellen Sie im Halbkreis vor dem Tisch auf.

So geht's

Setzen Sie sich an den Tisch. Sie haben eine Clownsperücke aufgesetzt und/oder eine Clownsnase. Die Kinder nehmen auf den anderen Stühlen Platz.

Sagen Sie: „Ich bin Clown Leckerschlecker und ich möchte mir ein Marmeladenbrot machen. Leider habe ich zufällig jetzt gerade vergessen, wie man das macht. Könnt ihr mir helfen?“

Die Kinder geben nun nacheinander genaue Anweisungen, was Clown Leckerschlecker machen muss. Der Clown nimmt alles wortwörtlich auf und setzt dieses auch genauso um. Beispielsweise: „Du nimmst das Messer und schmierst die Marmelade aufs Brot.“ – Der Clown nimmt das Messer in die Hand und taucht die Finger der anderen Hand in das Marmeladenglas ein usw.

Leichte Variante

Clown Leckerschlecker will laufen. Wie geht das noch einmal? Die Kinder erklären es ihm mit Worten und der Clown bewegt sich los.

Schwere Variante

Der Clown Leckerschlecker möchte einen Korb mit einem Geheimnis darin aus einem Regal holen (z. B. kleine Bilder, Bonbons oder Luftballons). Das Regal steht an der anderen Seite des Raumes und der Korb ist weit oben. Er wird einen Stuhl als Hilfe benutzen müssen. Die Kinder erklären es ihm und der Clown bewegt sich los. Hat er es geschafft, darf sich jedes Kind etwas aus dem Korb nehmen.

9. WETTER

Sobald wir mit den Kita-Kindern vor die Tür treten, haben wir es mit dem Wetter in jeglicher Form zu tun. In diesem Sprachübungskomplex geht es rund um die alltäglichen Wetterlagen und was wir daraus machen können.

Pferde im Regen

Rieke und Djamal sitzen in Djamals Kinderzimmer auf der Fensterbank und schauen hinaus. Rieke hat sich schon den ganzen Tag in der Kita auf die Verabredung mit Djamal gefreut. Sie hatten viele Ideen, was sie am Nachmittag machen können, z. B. mit Djamals älterer Schwester auf den großen Spielplatz gehen. Sie wollten dort Pferd spielen. Djamal spielt immer, dass er ein großes, weißes Pferd ist, was schneller rennen kann als der Wind. Und Rieke spielt ein geflecktes Pferd, was manchmal sogar Kunststücke macht.

Aber aus dem Pferdespiel wird heute nichts. Seit dem Mittagessen regnet es in Strömen und Djamals Schwester hat keine Lust, bei diesem Wetter hinauszugehen. „Och Menno!", seufzt Rieke und betrachtet, wie die Regentropfen an der Fensterscheibe hinunterlaufen. „Jetzt sitzen wir hier drinnen fest." – „Und nur weil es regnet", sagt Djamal. „Drinnen Pferd zu spielen, ist langweilig. Die Wohnung ist viel zu klein dafür." – „Was machen Pferde nur bei Regen?", fragt sich Rieke. Djamal und Rieke schauen sich an, überlegen kurz und fangen fast gleichzeitig an, zu rufen: „Pferde sind auch bei Regen draußen!"

Sie springen auf und laufen in den Flur zur Garderobe. Sie suchen alle regenfesten Klamotten, die sie dort finden können, und ziehen sie an. Schnell sind sie fertig und sehen lustig aus. Rieke hat die viel zu große Regenhose von Djamals Bruder an. Und über ihre Jacke hat sie die Regenjacke der Mutter gezogen. Auch die Gummistiefel sind etwas zu groß für Riekes Füße, aber wenn sie mehrere Sockenpaare übereinanderzieht, halten sie gut an den Füßen. Djamal hat die Regenjacke von seinem Papa an. Sie ist so lang, dass man seine Knie nicht mehr sieht. Dafür passen die Gummistiefel perfekt. Das sind nämlich seine eigenen.

„Wir gehen raus!", schreit Djamal. „Nein!", ruft seine Schwester. „Ihr dürft nicht ohne mich auf den Spielplatz! Außerdem ist es viel zu nass."

9. WETTER

4.

„Wir gehen nur auf den Hof vor dem Haus. Und wir haben Regensachen an!", schreit Djamal zurück und öffnet die Haustür. Schnell rennen Rieke und Djamal die Treppen hinunter. Unten ist noch eine Haustür, die sehr schwer zu öffnen ist. Aber für Djamal und Rieke zusammen ist das kein Problem. Djamal weiß, dass er nur auf den Hof vor dem großen Haus gehen darf. Er ist oft allein dort zum Spielen. Meistens ist es aber langweilig, weil der Hof einfach nur ein Hof ist. Ohne Spielgeräte. Heute aber ist der Hof wie verwandelt. Überall sind kleine oder größere Pfützen. Rieke wiehert laut und galoppiert auf eine Pfütze zu. Sie springt über die Pfütze. Djamal galoppiert hinterher. „Ich komme auch!", ruft er und springt ab, sodass er mit beiden Füßen mitten in der Pfütze landet. Das Wasser spritzt zu allen Seiten. Djamal schaut sich erschrocken um und dann lacht er. „Das war super!", jubelt er und galoppiert zur nächsten Pfütze. Djamal und Rieke laufen und traben und galoppieren. Sie springen in die Pfützen, sie springen über die Pfützen. Sie weichen den Pfützen aus. Manchmal tun sie so, als würden die Pferde in der Pfütze trinken. Klar, wer sich viel bewegt, der hat auch Durst.

„Djamal! Rieke!" Die Kinder schauen nach oben und sehen die Mutter von Djamal am geöffneten Küchenfenster stehen. „Ihr seid ja ganz nass!", ruft sie. „Kommt mal wieder hoch!" Djamal und Rieke merken nun auch, dass die Regensachen sie nicht ganz vor der Nässe geschützt haben. Riekes Füße sind trotz der Socken nass und Djamals Hose hängt vor Nässe knieabwärts an seinen Beinen. Sie beginnen, zu frieren, und gehen zur Haustür. Noch bevor sie klingeln, hat jemand den Türöffner betätigt und die Tür geht auf. Djamal und Rieke steigen die Treppen hinauf. „Am besten zieht ihr eure Sachen gleich vor der Tür aus, sonst steht die Wohnung unter Wasser", empfängt sie Djamals Mutter. Sie hilft den Kindern. In der Wohnung trocknen sie sich mit einem Handtuch ab und bekommen neue, trockene Kleidung. Rieke hat einen kuscheligen Jogginganzug von Djamal an. „Dann setzt euch mal auf das Sofa und ich mache euch einen schönen Kakao zum Aufwärmen." Das ist genau das Richtige, finden Djamal und Rieke. Sie sitzen auf dem Sofa und finden es so wunderbar gemütlich, dass sie hier drinnen sitzen, während draußen der Regen an die Fensterscheiben klopft.

Fragen an die Kinder:

- Was spielt ihr gern bei Regenwetter?
- Zieht ihr euch bei Regenwetter etwas Besonderes an?

9. WETTER

Die Windmaschine

Förderschwerpunkt: Artikulation
(Die Kinder trainieren beim Pusten ihre Mundmotorik.)

Material: Strohhalme, leichte kleine Gegenstände (z. B. aufgepustete Luftballons, Toilettenpapierrollen, Tischtennisbälle), Tisch

Vorbereitung: Legen Sie die Gegenstände mit etwas Abstand zueinander auf den Tisch.

So geht's

Jedes Kind bekommt einen Strohhalm. Das ist die „Windmaschine". Die Kinder haben die Aufgabe, durch den Strohhalm auf den Tisch zu pusten, sodass die angepeilten Gegenstände dabei umfallen bzw. vom Tisch fallen.

Leichte Variante

Es wird ein Luftballon auf den Boden gelegt. Die Kinder pusten zusammen mit dem Ziel, den Luftballon quer durch den Raum zu bewegen.

Schwere Variante

Die Kinder bauen die Gegenstände nebeneinander auf dem Tisch auf. Nach Ihrer Ansage oder der Ansage von einem Kind werden die genannten Gegenstände vom Tisch gepustet. Die anderen Gegenstände sollen sich dabei möglichst nicht bewegen.

Ist das Wetter nass oder kalt?

Förderschwerpunkt: Wortschatzerweiterung
(Die Kinder erweitern ihren Wortschatz, indem sie die richtigen Bildkarten anhand der Beschreibungen suchen und finden.)

Material: Bildkarten 18 und 19, Schere

Vorbereitung: Drucken Sie die Bildkarten 18 und 19 aus (s. Download-Material), schneiden Sie die Bilder aus und legen Sie sie für das Angebot bereit.

So geht's

Die Kinder sitzen so, dass alle einen guten Blick auf die ausgeschnittenen Wetter-Bilder haben können. Nehmen Sie die erste Bildkarte und bitten Sie die Kinder, zu beschreiben, was sie darauf sehen. Geben Sie bei Bedarf Impulse, z. B.: „Was ist mit dem Mädchen?" – „Genau, dem Mädchen ist kalt. Es scheint draußen kalt zu sein." Oder: „Der Junge schwitzt. Die Sonne scheint. Es ist sicher sehr warm." Nach diesem Prinzip werden alle Bilder mit den zentralen Wörtern besprochen.

Legen Sie alle Bilder im Anschluss nebeneinander. Beginnen Sie, eine Wetterlage auf einem Bild zu beschreiben. Fordern Sie die Kinder dazu auf, ihre Hand auf das Bild zu legen, wenn sie herausgehört haben, um welches Bild es sich handelt.

Im Download
Bildkarten 18 und 19: Wettersituationen

Leichte Variante

Bitten Sie die Kinder, die Wetterlage nachzuspielen. Nennen Sie eine Wetterlage, z. B. „Es schneit", und spielen Sie diese mit den Kindern nach. Hüpfen Sie auf und ab und sagen Sie: „Oh, ich friere! Ich muss mich bewegen, damit mir warm wird. Wollen wir eine Schneeballschlacht machen?" usw.

Schwere Variante

Ohne die Bildkarten zu besprechen, wird gleich mit dem Ratespiel begonnen.

9. WETTER

Als es einmal so richtig heiß draußen war …

Förderschwerpunkt: Erzählfähigkeit
(Die Kinder erzählen von ihren Erlebnissen.)

Material: Kissen, ggf. verschiedene Gegenstände, die zu unterschiedlichen Wettersituationen passen (z. B. Regenhose, Sonnencreme, Mütze, Fausthandschuhe)

Vorbereitung: Verteilen Sie die Kissen in der passenden Anzahl im Raum wie es teilnehmende Kinder gibt, sodass ein Sitzkreis entsteht.

So geht's

Die Kinder sitzen in einem Sitzkreis. Sagen Sie einen Satzanfang als Erzählimpuls. Die Kinder, die möchten, dürfen nun erzählen …

Erzählimpulse:

- Erinnert ihr euch an einen Sommer, in dem es ganz, ganz heiß war? Die Sonne schien und schon morgens konnte man in kurzer Kleidung zur Kita kommen …
- Erinnert ihr euch an einen Herbst, in dem es immer etwas dunkel und nass draußen war? Manchmal hat es richtig gestürmt. Man musste sich immer Regenzeug anziehen, wenn es nach draußen ging …
- Erinnert ihr euch an einen Winter, in dem es geschneit hat und alles war weiß und hell draußen? Manchmal war es sogar so glatt, dass man draußen ohne Schlittschuhe über den Boden rutschen konnte …
- Erinnert ihr euch an einen Frühling, in dem die Sonne und Regenwolken sich immer wieder abgewechselt haben? Manchmal konnte man schon ohne Jacke auf das Außengelände gehen und einen Tag später brauchte man eine Mütze, weil es wieder kälter war …

Leichte Variante

Legen Sie, passend zu jeder Wetterlage, einen Gegenstand in die Kreismitte. Jedes Kind, das etwas erzählen möchte, nimmt sich einen Gegenstand und erzählt, was es ist, wozu das Kind ihn schon gebraucht hat und welches Wetter dann draußen war.

Beispiele:

- Sonnenschein: Sonnencreme
- Regen: Regenhose
- Sturm: Mütze
- Schnee: Fausthandschuhe

Schwere Variante

Flüstern Sie einem Kind eine Wetterlage ins Ohr und das Kind erzählt dazu, was man bei diesem Wetter machen kann, wie sich das Wetter anfühlt usw. Die anderen Kinder dürfen erraten, um welches Wetter es sich handelt.

9. WETTER

Die Wettervorhersage

Förderschwerpunkt: Sprachverständnis
(Die Kinder hören sich die Wettervorhersage an und setzen das Gehörte um.)

Material: Matten

Vorbereitung: Legen Sie die Matten (für jedes Team eine) in einen Kreis auf den Boden.

So geht's

Die Kinder bilden Teams. Ein Kind setzt sich in den Schneidersitz und das andere Kind dahinter. Wenn es eine ungerade Kinderanzahl in der Gruppe gibt, kann sich auch ein 3er-Team zusammenfinden. Hier setzen sich dann zwei Kinder hinter das vordere Kind und agieren zusammen. Sie sagen die Nachrichten und die Wettervorhersage an. Das Kind, welches hinter einem Kind im Schneidersitz sitzt, setzt die jeweilige Wetterlage als Massagetechnik auf dem Rücken des vor ihm sitzenden Kindes um.

Machen Sie den Kindern Vorschläge, die die Kinder aufgreifen können. Wichtig ist, dass sich die massierten Kinder wohlfühlen. Sobald sie eine Berührung nicht möchten oder es sich plötzlich nicht mehr gut anfühlt, sagt das Kind „Stopp!" und die Massage ist für dieses Team beendet, kann aber jederzeit nach Wunsch wieder weitergeführt werden.

Wettervorhersage und Massagetechniken	
Guten Tag! Nun kommt die Wettervorhersage für den morgigen Mittwoch.	*Die massierenden Kinder reiben ihre Hände warm.*
Morgens wird die Sonne scheinen.	*die Hände auf den Rücken legen und den Rücken behutsam warm reiben*
Ab mittags ziehen Wolken auf.	*die Hände kräftiger über den Rücken reiben*
Es wird regnen.	*mit den Fingerspitzen vorsichtig auf den Rücken klopfen*
Es wird sehr stark regnen.	*mit den Fingerspitzen stärker auf den Rücken klopfen*
Danach wird es sofort ein Gewitter geben mit kräftigem Donner …	*vorsichtig mit der Faust auf den Rücken klopfen*
… und grellen Blitzen am Himmel.	*mit dem Zeigefinger Zickzack über den Rücken malen*

9. WETTER

Wettervorhersage und Massagetechniken	
Dazu kommt ein starker Sturm.	*dazu dem Kind in den Nacken pusten*
Gegen Abend beruhigt sich das Wetter. Das Gewitter zieht weiter, der Sturm legt sich und der Regen wird weniger.	*mit den Fingerspitzen nur noch auf den Rücken klopfen und nach und nach immer weniger klopfen*
Und tatsächlich kommt am Abend noch einmal die Sonne zum Vorschein.	*die Hände auf den Rücken legen und langsam über den Rücken reiben*
Das war die Wettervorhersage. Ich wünsche allen Zuhörer*innen einen warmen Rücken!	*die Hände auf dem Rücken liegen lassen und nachspüren*

Anschließend tauschen die Kinder die Rollen und die Wettervorhersage und Massage wird wiederholt.

Leichte Variante

Wettervorhersage und Massagetechniken	
Die Sonne scheint.	*die Hände auf den Rücken legen und den Rücken behutsam warm reiben*
Es beginnt, zu regnen.	*mit den Fingerspitzen auf den Rücken klopfen*
Da weht der Wind die Wolken weiter, bis sie nicht mehr zu sehen sind ...	*dem Kind in den Nacken pusten*
... und nun scheint die Sonne wieder.	*die Hände auf den Rücken legen und den Rücken behutsam warm reiben*

Schwere Variante

Ein Kind erzählt den Wetterbericht und die anderen Kinder denken sich entsprechende Massagetechniken dazu aus.

9. WETTER

Es regnet, es regnet

Förderschwerpunkt: Grammatik
(Die Kinder singen und wiederholen ein gereimtes Lied.)

Material: Stühle, ggf. Schwungtuch

Vorbereitung: Stellen Sie so viele Stühle, wie Kinder bei diesem Angebot mitmachen, zu einem Stuhlkreis zusammen. Wenn Sie auch die schwere Variante durchführen, räumen Sie dafür zunächst eine große Fläche im Gruppenraum frei.

So geht's

Leiten Sie folgendes Bewegungslied an.

Es regnet, es regnet *(Text: überliefert)*	
Es regnet, es regnet, die Erde wird nass!	*die Hände auf und ab führen und dabei die Finger bewegen*
Und wenn's genug geregnet hat, dann wächst auch wieder Gras!	*beide Handflächen vor sich auf den Boden legen*
Es regnet, es regnet, es regnet seinen Lauf!	*die Hände auf und ab führen und dabei die Finger bewegen*
Es regnet, es regnet, was kümmert uns das!	*Schultern fragend nach oben ziehen und fallen lassen*
Wir sitzen im Trocknen und werden nicht nass!	*unter den Stuhl krabbeln*

9. WETTER

Leichte Variante

Es regnet, es regnet *(Text: überliefert)*	
Es regnet, es regnet, die Erde wird nass! Und wenn's genug geregnet hat, dann wächst auch wieder Gras! Es regnet, es regnet, es regnet seinen Lauf!	*mit den Fingerknöcheln auf die Sitzfläche des Stuhles klopfen*
Es regnet, es regnet, was kümmert uns das!	*die Schultern hochziehen und fallen lassen und fragend gucken*
Wir sitzen im Trocknen und werden nicht nass!	*mit den Händen einen Hut über dem Kopf darstellen*

Schwere Variante

Legen Sie das Schwungtuch ausgebreitet in die Mitte des Raumes. Die Kinder versammeln sich mit gleichmäßigem Abstand um das Tuch und greifen die Tuchkante.

Es regnet, es regnet *(Text: überliefert)*	
Es regnet, es regnet, die Erde wird nass! Und wenn's genug geregnet hat, dann wächst auch wieder Gras! Es regnet, es regnet, es regnet seinen Lauf! Es regnet, es regnet, was kümmert uns das!	*Im gemeinsamen Rhythmus wird das Schwungtuch auf und ab geschwungen. Es soll so hoch wie möglich geschwungen werden, die Kinder sollen ihr Arme also ganz lang nach oben strecken.*
Wir sitzen im Trocknen und werden nicht nass!	*Wenn das Tuch ganz oben ist, gehen alle Kinder einen großen Schritt in die Kreismitte, ziehen das Schwungtuch hinter sich und setzen sich auf den Rand. So sitzen alle Kinder in einer Höhle.*

9. WETTER

Durch Regen, Schnee und Sonnenschein

Förderschwerpunkt: Kommunikationsfähigkeit
(Die Kinder sprechen sich ab, auf welche Weise sie sich gemeinsam fortbewegen wollen.)

Material: Musik, eine Decke

Vorbereitung: Räumen Sie den Raum frei, sodass eine große, freie Spielfläche entsteht. Legen Sie die Decke an eine Seite des Raumes.

So geht's

Die Kinder setzen sich auf die Decke. Erläutern Sie, dass auf der gegenüberliegenden Seite des Raumes die Kita ist, in die alle Kinder möchten. Noch sind wir jedoch alle zu Hause. Bitten Sie die Kinder, sich auf die Decke (ihr Zuhause) zu setzen. Geben Sie den Kindern eine Aufgabe, die sie gemeinsam lösen müssen.

Beispielaufgabe:

- Ihr seid zu Hause. Es ist Zeit, um in die Kita zu gehen. Draußen ist heute wieder ein verrücktes Wetter. Es schneit. Schneeflocken fallen vom Himmel. Es ist kalt. Wie kommt ihr gemeinsam mit der Decke sicher durch den Schnee in die Kita? Sprecht miteinander, macht einen Plan. Und dann los …!

Die Kinder besprechen, wie sie gemeinsam durch das Schneegestöber kommen. Sie entscheiden sich für eine Möglichkeit. Beispielsweise: Sie gehen eng zusammen und halten sich die Decke über den Kopf oder zwei Kinder setzen sich auf die Decke und die anderen ziehen die Kinder durch den imaginären Schnee. Bei Bedarf unterstützt die pädagogische Fachkraft die sprachliche Auseinandersetzung der Kinder. Es können auch mehrere Runden mit einer Wetterlage gespielt werden, wenn die Kinder sich nicht auf eine Weise einigen können und ihnen das Spiel sehr viel Freude macht. Danach folgen die nächsten Aufgaben.

Beispielaufgaben:

- Ihr seid in der Kita. Es ist Zeit, um nach Hause zu gehen. Draußen ist heute wieder ein verrücktes Wetter. Es regnet in Strömen. Alles ist nass und die Straßen sind voller Pfützen. Wie kommt ihr gemeinsam mit der Decke sicher durch den Regen nach Hause? Sprecht miteinander, macht einen Plan. Und dann los …!
- Ihr seid zu Hause. Es ist Zeit, um in die Kita zu gehen. Draußen ist heute wieder ein verrücktes Wetter. Es ist windig. Es stürmt. Die Bäume wiegen sich im Wind, als würden sie gleich umfallen. Wie kommt ihr gemeinsam mit der Decke sicher durch den Sturm in die Kita? Sprecht miteinander, macht einen Plan. Und dann los …!
- Ihr seid in der Kita. Es ist Zeit, um nach Hause zu gehen. Draußen ist heute wieder ein verrücktes Wetter. Die Sonne scheint. Jetzt, zur Mittagszeit, tut die Sonne richtig auf der Haut weh. Selbst im Schatten ist es heiß. Würdet ihr barfuß laufen, würden die Füße wehtun, so heiß ist der Boden. Wie kommt ihr gemeinsam mit der Decke sicher durch die Hitze nach Hause? Sprecht miteinander, macht einen Plan. Und dann los …!
- Ihr seid zu Hause. Und hier wollt ihr auch bleiben. Das Wetter draußen ist doch egal. Macht es euch gemütlich. Sprecht miteinander, macht einen Plan. Und dann los …!

9. WETTER

Leichte Variante

Spielen Sie mit und leiten Sie das Spiel mit einfachen Sätzen und dem gezielten Einsatz von Körpersprache an, z. B: „Wir stehen hier und es schneit! Wir frieren. Immer mehr Schnee kommt von oben. Wie können wir aus dem Haus gehen?“ usw.

Schwere Variante

Zur Gruppenaufgabe gehört es, dass mindestens drei verschiedene Lösungswege entwickelt und ausprobiert werden.

10. ÜBERNACHTUNG IN DER KITA

In vielen Kitas findet jährlich eine gemeinsame Übernachtung statt. In manchen Einrichtungen ist dies eine Alternative zu einer mehrtägigen Kita-Fahrt und in anderen gehört es zur Vorbereitung auf den Übergang in die Schule. Häufig machen bei der Übernachtung auch schon die Drei-, Vier- und Fünfjährigen mit. In diesem Sprachübungskomplex haben die Kinder die Gelegenheit, sich gedanklich spielerisch mit dem Thema „Übernachtung in der Kita" zu beschäftigen.

Polizeieinsatz in der Kita

„Es fühlt sich ganz komisch an", denkt Rieke, als sie am späten Nachmittag mit einer kleinen Reisetasche und ihrem Papa zur Kita geht. Normalerweise gehen sie morgens und auch nur mit einem kleinen Rucksack, in dem Riekes Brot ist. Heute hat sie eine Tasche, in der sich ihr Schlafanzug, eine Zahnbürste, Wechselkleidung und noch vieles mehr verbirgt. Papa trägt eine zusammengerollte Reisematratze und einen Schlafsack.

Als Rieke im Gruppenraum der Bärengruppe steht, sind die anderen Kinder bereits da und bauen sich ihre Betten auf. Sie dürfen sie aufbauen, wo sie möchten. Djamal hat sein Bett auf dem Bauteppich gemacht und einen Platz für Rieke freigehalten. Schnell packt Rieke ihre Sachen aus. Ihr Teddy darf schon einmal in den Schlafsack kriechen und auf sie warten.

Abends sitzen alle am Frühstückstisch und essen Abendbrot. Es gibt Pommes! Wie lecker! Bevor es ins Bett geht, ziehen sich die Kinder ihre Schlafsachen an, putzen sich ihre Zähne und dürfen noch ein wenig spielen. Im Schlafanzug in der Kita herumzulaufen, macht allen Kindern einen riesigen Spaß. Dann ist es Zeit, ins Bett zu gehen. Rieke schlüpft zu ihrem Teddy in den Schlafsack. Einen kurzen Moment ist sie etwas traurig, denn sie denkt daran, dass Papa nun sicher auf dem Sofa sitzt und noch in seinem Buch liest. Plötzlich überkommt sie eine große Sehnsucht nach ihrem Papa. Doch Pia, die Erzieherin, reißt sie aus ihren Gedanken: „Wer möchte noch eine Gute-Nacht-Geschichte hören?" Das wollen alle, denn Pia kann so unglaublich lustige Geschichten erfinden. Und das macht sie dann auch. Danach singt sie noch ein Gute-Nacht-Lied vor und nach und nach schlafen alle Kinder ein.

Mitten in der Nacht wacht Rieke auf. Zuerst ist sie etwas verwirrt, weil sie es nicht gewohnt ist, in der Bauecke aufzuwachen. Aber dann ist es ihr schnell klar, dass sie in der Kita ist. Mitten in der Nacht. Es ist dunkel im Raum. Nur ein kleines Nachtlicht ist an. Die Kinder und Erzieherinnen schlafen. Nur Rieke nicht. Sie muss auf die Toilette. Zu Hause kann sie den Weg ins Badezimmer fast im

10. ÜBERNACHTUNG IN DER KITA

Schlaf laufen und am Tag in der Kita normalerweise auch. Aber jetzt ist es anders. Sie traut sich nicht, allein durch den dunklen Flur zu gehen und dann links abzubiegen bis zu den Toiletten. Vielleicht kann Djamal sie begleiten. Sie stupst ihn an und flüstert: „Djamal! Ich muss mal Pipi. Kommst du mit? Allein finde ich es unheimlich." Djamal ist sofort hellwach. „Klar komme ich mit! Ich leuchte uns den Weg." Er greift nach der Taschenlampe, die neben seiner Matratze liegt, und steht auf. Lautlos tapsen Rieke und Djamal Richtung Toilette. Sie kichern, weil es so herrlich aufregend ist. Als Rieke fertig ist, gehen sie nicht gleich zurück in den Gruppenraum. Sie gehen noch durch die Kita und leuchten mit der Taschenlampe in jeden Raum. Erst dann schleichen sie ins Bett und kuscheln sich wieder in ihre Schlafsäcke. Schnell schlafen sie ein.

Durch ein lautes Klopfen an der Fensterscheibe werden die Kinder wach. „Wer ist da draußen?", fragen sich alle. Pia steht auf und macht das Licht an. „Wartet hier", sagt sie zu den Kindern und geht zur Eingangstür der Kita. Kurz darauf kommt Pia mit einem Polizisten zurück. Die Kinder sind erschrocken. Was ist passiert? „Guten Morgen! Hört mal her! Das hier ist Herr Klinker. Er ist von der Nachbarschaft der Kita angerufen worden, weil sie beobachtet haben, dass in der Nacht jemand mit einer Taschenlampe durch das Haus gegeistert ist. Sie hatten Angst, es sei ein Einbrecher oder eine Einbrecherin, und haben Herrn Klinker gebeten, jetzt doch mal kurz vorbeizukommen und zu klären, ob alles in Ordnung ist. Wisst ihr, was passiert ist? Einbruchsspuren an der Tür sind auf jeden Fall nicht zu entdecken."

Rieke wird plötzlich hellwach und ruft aufgeregt: „Das war ich! Und Djamal! Ich musste aufs Klo und Djamal hat mich begleitet. Mit seiner Taschenlampe. Also die hat uns begleitet." „So, so", murmelt der Polizist. „Kriege ich jetzt einen Strafzettel?", fragt Rieke besorgt. Da lacht der Polizist: „Nein, auf keinen Fall. Man wird ja wohl noch einmal auf die Toilette gehen dürfen." – „Aber Sie, Herr Klinker, bekommen jetzt erst einmal einen Guten-Morgen-Kaffee und können auch noch mit uns frühstücken." – „Au ja", meint Herr Klinker. „Einen Kaffee trinke ich gern noch mit Ihnen und den Kindern – vor allem mit denen, die das Stadtviertel letzte Nacht in Angst und Schrecken versetzt haben." Er zwinkert Rieke zu und lacht.

Fragen an die Kinder:

- Wo würdest du gern schlafen, wenn du in der Kita übernachten würdest?
- Welches Kuscheltier würdest du mitbringen?

10. ÜBERNACHTUNG IN DER KITA

Einschlaflied

Förderschwerpunkt: Artikulation
(Die Kinder müssen den Liedtext gut artikulieren, um verstanden zu werden.)

Material: Wolldecke

Vorbereitung: Legen Sie die Wohldecke im Gruppenraum aus.

So geht's

Setzen Sie sich mit den Kindern in einen Kreis. Erzählen Sie, dass es viele Kinder gibt, die zum Einschlafen ein Lied vorgesungen bekommen. Häufig ist es ein ganz berühmtes Lied, dieses heißt: „Schlaf, Kindlein, schlaf“. Sprechen Sie den Kindern den Text der ersten Strophe vor und erläutern Sie die Bedeutung der für die heutige Zeit ungewöhnlichen Sätze.

Ein Kind darf sich auf die bereitgelegte Wolldecke legen. Die anderen Kinder verteilen sich jeweils gegenüber am Fuß- und am Kopfende. Die Decke wird vorsichtig angehoben und das Kind behutsam hin und her geschaukelt. Dabei wird gemeinsam leise, aber dennoch deutlich das bekannte Einschlaflied gesungen.

Schlaf, Kindlein, schlaf
Text: überliefert, Melodie:
Johann Friedrich Reichardt (1781)

Schlaf, *(Name des Kindes auf der Decke)*,
schlaf!
Der Vater hüt die Schaf,
die Mutter schüttelt‘s Bäumelein,
da fällt herab ein Träumelein.
Schlaf, *(Name des Kindes auf der Decke)*,
schlaf!

Die Decke wird vorsichtig wieder auf dem Boden abgelegt. Ein anderes Kind darf nun leise und sanft in den Schlaf geschaukelt und gesungen werden.

Leichte Variante

Das Kind liegt auf der Decke und die anderen Kinder schieben und ziehen so an der Decke, dass das liegende Kind leicht nach rechts und links gerollt wird. Hier müssen die Kinder sich nicht darauf konzentrieren, die Decke über dem Boden zu halten.

Schwere Variante

Die Kinder spielen mit dem Schlaflied. Sie singen beispielsweise nur das letzte Wort eines jeden Satzes lauter („schlaf“, „Schaf“, „Bäumelein“, „Träumelein“, „schlaf“) und den restlichen Text sehr leise.

10. ÜBERNACHTUNG IN DER KITA

Was brauchen wir für die Kita-Übernachtung?

Förderschwerpunkt: Wortschatzerweiterung
(Die Kinder lernen oder festigen die Bezeichnungen ausgewählter Gegenstände.)

Material: Gegenstände, die ein Kind für eine Übernachtung braucht (z. B. Kuscheltier, Decke, Kissen, Zahnbürste, Handtuch, Zahnpasta, Schlafanzug) und andere Dinge (z. B. Putzschwamm, Apfel, Sonnenbrille, Spielzeughammer), Stühle

Vorbereitung: Stellen Sie so viele Stühle, wie Kinder bei diesem Angebot mitmachen, zu einem Stuhlkreis zusammen. Die Materialien werden in die Mitte des Stuhlkreises gelegt.

So geht's

Setzen Sie sich mit den Kindern in den Stuhlkreis und fragen Sie sie: „Was würdet ihr auf jeden Fall mitnehmen, wenn ihr in der Kita übernachtet?" Fordern Sie die Kinder dazu auf, sich einen entsprechenden Gegenstand aus der Kreismitte zu nehmen und die Auswahl zu begründen. Das erste Kind beginnt, zu erzählen: „Ich nehme eine Zahnbürste mit, denn …" Danach ist das nächste Kind an der Reihe und das Spiel geht so lange weiter, bis alle Kinder einmal mitgemacht haben.

Leichte Variante

Fragen Sie die Kinder: „Was würdet ihr auf jeden Fall mitnehmen, wenn ihr in der Kita übernachtet?" Fordern Sie sie dazu auf, sich einen entsprechenden Gegenstand aus der Kreismitte zu nehmen und zu sagen: „Ich nehme … mit." Danach ist das nächste Kind an der Reihe, bis alle Kinder dran waren.

Schwere Variante

Jedes Kind nimmt sich einen Gegenstand. Die Kinder arbeiten als Gruppe und stellen sich einen imaginären Koffer voller Gegenstände zusammen, die sie alle während der Übernachtung gut gebrauchen können.

10. ÜBERNACHTUNG IN DER KITA

Bildergeschichten erzählen

Förderschwerpunkt: Kommunikationsfähigkeit
(Die Kinder erzählen gemeinsam eine Geschichte anhand der vorgegebenen Bilder.)

Material: Bildkarten 20, 21, 22, 23, 24 und 25

Vorbereitung: Drucken Sie die Bildkarten 20, 21, 22, 23, 24 und 25 aus (s. Download-Material) und legen Sie sie für das Angebot bereit.

So geht's

Fordern Sie die Kinder dazu auf, sich jeweils in Teams mit einem anderen Kind zusammenzufinden. Es können sich auch 3er-Teams bilden, wenn die Kinderanzahl in der Gruppe ungerade ist. Legen Sie die zuvor ausgedruckten Bildergeschichten-Karten aus. Jedes Team sucht sich eine Bildergeschichte aus und erzählt dann den anderen Kindern die Geschichte.

Leichte Variante

Die Kinder erzählen einzeln zu einer der kurzen Bildergeschichten auf den Bildkarten.

Schwere Variante

Die Kinder erzählen zu dritt oder viert eine Bildergeschichte gemeinsam. Hierfür müssen sie sich zuvor gut absprechen, wer genau welche Rolle oder Situation erzählt.

Alternativ können die Kinder auch eine eigene Bildergeschichte aufmalen und diese den anderen Kindern vorstellen. Thema: Kita-Übernachtung.

Im Download

Bildkarten 20, 21, 22, 23, 24 und 25: Bildergeschichten

10. ÜBERNACHTUNG IN DER KITA

Pantomime

Förderschwerpunkt: Sprachverständnis
(Die Kinder verstehen das Wort und setzen das Gehörte pantomimisch um.)

Material: Musik

Vorbereitung: Suchen Sie möglichst rhythmische Musik heraus, zu der sich alle gut bewegen können.

So geht's

Fordern Sie die Kinder auf, sich zu der Musik durch den Raum zu bewegen. Stoppen Sie die Musik und rufen Sie ein Thema oder einen Begriff, den alle Kinder pantomimisch umsetzen sollen. Machen Sie danach die Musik wieder an, bis der nächste Stopp erfolgt und damit die nächste Bewegungsaufgabe kommt.

Beispielthemen und -begriffe:

- Reisetasche packen
- Kuscheltier suchen und finden
- von Mama oder Papa verabschieden
- Bett aufbauen
- Abendessen
- Kissenschlacht machen
- Schlafsachen anziehen
- Zähne putzen
- ins Bett gehen
- nicht schlafen können
- gut einschlafen
- etwas Schönes träumen
- aufwachen
- wieder eine Kissenschlacht machen
- anziehen
- Frühstück essen
- alle Dinge wieder in die Reisetasche packen
- Mama und Papa „Hallo!“ sagen
- nach Hause gehen

Leichte Variante

Machen Sie Bewegungen mit, an denen sich die Kinder orientieren können.

Schwere Variante

Ist das Spielprinzip verstanden, können die Kinder abwechselnd Themen oder Begriffe nennen, die alle Kinder umsetzen.

10. ÜBERNACHTUNG IN DER KITA

Das Lied von der Kissenschlacht

Förderschwerpunkt: Grammatik
(Die Kinder singen ein Lied mit einer bestimmten Klang- und Satzstruktur.)

Material: pro Kind ein weiches Kissen, Stühle

Vorbereitung: Stellen Sie so viele Stühle, wie Kinder bei diesem Angebot mitmachen, zu einem Stuhlkreis zusammen. Auf jedem Stuhl liegt ein Kissen.

So geht's

Jedes Kind sitzt auf einem Kissen im Stuhlkreis. Leiten Sie das folgende Lied mit entsprechenden Bewegungen an.

Kissenschlachtlied *(Melodie von: „Alle Vögel sind schon da")*	
Alle Kinder sind schon da. Alle Kinder, alle.	*mit dem Zeigefinger im Kreis herumzeigen*
Im Gepäck, das müsst ihr wissen, ist ein dickes, schönes Kissen.	*das Gewicht auf dem Sitzkissen von einer Seite zur anderen verlagern*
Lalalalalalalalalalalala.	*rhythmisch in die Hände klatschen*
Alle Kinder sind schon da. Alle Kinder, alle.	*mit dem Zeigefinger im Kreis herumzeigen*
Packen schnell ihr Kissen aus. Ihr schönes Kissen von zu Haus.	*das Kissen hervorziehen und auf den Oberschenkeln ablegen*
Lalalalalalalalalalalala.	*mit den Händen rhythmisch auf das Kissen klopfen*
Alle Kinder sind schon da. Alle Kinder, alle.	*mit dem Zeigefinger im Kreis herumzeigen*
Bleiben heute über Nacht. Machen eine Kissenschlacht.	*das Kissen hochheben*
Lalalalalalalalalalalala.	*das Kissen im Takt über den Kopf stemmen, Kissen wieder auf den Oberschenkeln ablegen*

10. ÜBERNACHTUNG IN DER KITA

Kissenschlachtlied *(Melodie von: „Alle Vögel sind schon da")*	
Alle Kinder sind schon da. Alle Kinder, alle.	*mit dem Zeigefinger im Kreis herumzeigen*
Bitte nur auf Beine zielen. Sonst vergeht die Lust am Spielen.	*auf die Beine und Füße der Kinder zeigen*
Lalalalalalalalalalalala.	*die Unterschenkel anheben und rhythmisch mit ihnen wippen*
Es geht los!	*die Kissen werfen*

10. ÜBERNACHTUNG IN DER KITA

Der lustige Wecker

Förderschwerpunkt: Erzählfähigkeit
(Das Kind erzählt einem Kind etwas und bringt es zum Lachen.)

Material: Decken und Kissen

Vorbereitung: Legen Sie für jedes Kind zwei Decken und ein Kissen bereit.

So geht's

Jedes Kind bekommt zwei Decken und ein Kissen und sucht sich einen Platz im Raum. Es baut sich damit ein Bett. Alle Kinder spielen „Schlafen".

Ein Kind ist der lustige Wecker. Der Wecker geht von Kind zu Kind und versucht, jedes Kind zu wecken. Dieses kann er ausschließlich dadurch, dass er das Kind durch Worte zum Lachen bringt. Anfassen oder auch Anschreien ist verboten.

Der Wecker könnte beispielsweise sagen: „Aufwachen, meine liebe Lina! Der Frühstückstisch ist schon gedeckt. Die anderen essen schon. Wenn du dich nicht beeilst, bleibt nur noch Zahnpasta zum Essen übrig. Und die schmeckt einfach nicht auf alten Schuhen."

Wenn ein Kind lacht, ist es aufgewacht und darf noch gemütlich im Bett liegen bleiben, bis alle anderen auch wach sind. Dann darf ein anderes Kind der lustige Wecker sein.

Leichte Variante

Zwei Kinder sind zusammen ein lustiger Wecker.

Schwere Variante

Der lustige Wecker muss noch mehr erzählen, wenn sich das schlafende Kind unter der Decke versteckt. Wann ist ein Lachen zu hören?

LITERATUR- UND QUELLENVERZEICHNIS

- **Beck, L.; von Dewitz, N. & Titz, C. (2016):** Sprachliche Entwicklungsstände, Lernpotenziale und Lernfortschritte erkennen. *www.nifbe.de/fachbeitraege/beitraege-von-a-z?view=item&id=600:sprachliche-entwicklungsstaende-lern-potenziale-und-lernfortschritte-erkennen&catid=76* (aufgerufen am 02.07.2024).
- **Borcherding, M. (2010):** Auf ins Abenteuer Sprache! Sprachförderspiele für Vorschulkinder, Verlag Herder: Freiburg im Breisgau.
- **Dietz, S. & Lisker, A. (2008):** Sprachstandsfeststellung und Sprachförderung im Kindergarten. Expertise im Auftrag des Deutschen Jugendinstituts, Deutsches Jugendinstitut e. V. (DJI), Abteilung Kinder und Kindertagesbetreuung: München.
- **Grieper, E. (2016):** Sprachbildung und Sprachförderung – eine Einführung. *www.nifbe.de/component/themensammlung?view=item&id=273:sprachbildung-und-sprachfoerderung* (aufgerufen am 02.07.2024).
- **Gutknecht, C. (2022):** Plapperhaus: DaZ-Sprachlehrgang für Spielgruppen und Kitas 2,5 bis 4 Jahre (Lernhauskarteien Deutsch), SCHUBI Lernmedien: Braunschweig.
- **Hering, J. (2016):** Kinder brauchen Bilderbücher. Erzählförderung in Kita und Grundschule, Klett/Kallmeyer: Seelze.
- **Hubrig, S. (2021):** Alltagsintegrierte Sprachbildung für zwischendurch. Förderideen für jeden Sprachbereich, Verlag an der Ruhr: Mülheim an der Ruhr.
- **Kieferle, C.; Mayr, T. & Schauland, N. (2014):** liseb – Starterpaket: Je 5 Beobachtungsbögen Anfänger und Fortgeschrittene und 1 Begleitheft, Verlag Herder: Freiburg im Breisgau.
- **kita.de:** Spracherwerb bei Kindern: Verlauf, Meilensteine und Förderung im Überblick. *www.kita.de/wissen/spracherwerb/* (aufgerufen am 02.07.2024).
- **KiTa.NRW (2014):** Alltagsintegrierte Sprachbildung und Beobachtung im Elementarbereich – Grundlagen für Nordrhein-Westfalen. *www.kita.nrw.de/kinder-bilden/sprachliche-bildung/alltagsintegrierte-sprachbildung* (aufgerufen am 02.07.2024).
- **kitalino.com:** Sprachentwicklung von Kindern digital dokumentieren. Praxis-Anregungen für Kindergarten, Kita, Krippe und Hort. *http://kitalino.com/kita-wissen/sprache/sprachentwicklung-von-kindern-digital-dokumentieren/#Mehr%20Sicherheit%20für%20Erzieher%20durch%20Sprachaufnahmen* (aufgerufen am 02.07.2024).
- **Leisau, A. (2020):** Unterstützung für Kinder ohne Deutschkenntnisse. *https://kindergartenseminare.de/unterstuetzung-fuer-kinder-ohne-deutschkenntnisse/* (aufgerufen am 02.07.2024).
- **Merkel, J. (2010):** Weißt du was, sprechen macht Spaß. Sprachliche Bildung anregen und unterstützen, Bildungsverlag EINS: Troisdorf.

LITERATUR- UND QUELLENVERZEICHNIS

- **Neumann, S. & Thiesen, P. (Hrsg.) (2001):** Ganzheitliche Sprachförderung. Ein Praxisbuch für Kindergarten, Schule und Frühförderung, Beltz: Weinheim und Basel.
- **Spitzer, M. (2014):** Lernen. Gehirnforschung und die Schule des Lebens. Nachdruck der 1. Auflage 2006, Spektrum Akademischer Verlag: Heidelberg.
- **Tieste, K. (2019):** Systematische Sprachförderung für Kinder ohne Deutschkenntnisse: Fertige Einheiten für Kita und Vorschule, Verlag an der Ruhr: Mülheim an der Ruhr.
- **Ulich, M. & Mayr, T. (2006a):** seldak – Sprachentwicklung + Literacy bei deutschsprachig aufwachsenden Kindern. 10 Beobachtungsbögen mit Begleitheft, Verlag Herder: Freiburg im Breisgau.
- **Ulich, M. & Mayr, T. (2006b):** sismik – Sprachverhalten und Interesse an Sprache bei Migrantenkindern in Kindertageseinrichtungen. 10 Beobachtungsbögen mit Begleitheft, Verlag Herder: Freiburg im Breisgau.
- **Wendlandt, W. (Hrsg.) (2017):** Sprachstörungen im Kindesalter. Materialien zur Früherkennung und Beratung, Thieme: Stuttgart.
- **Wilkening, N. (2024):** 66 tolle Spiele zum Deutschlernen in der Kita. Anleitungen und Materialien für Deutsch als Zweitsprache und zur Sprachförderung, Verlag an der Ruhr: Mülheim an der Ruhr.
- **Wilkening, N. (2017):** Kinder ohne Deutschkenntnisse in der Kita eingewöhnen. Praxishilfen – Vorlagen - Checklisten, Verlag an der Ruhr: Mülheim an der Ruhr.
- **Zimmer, R. (2019):** BaSiK Ü3. Begleitende alltagsintegrierte Sprachentwicklungsbeobachtung in Kindertageseinrichtungen. Version für Kinder im Alter von 3;0 bis 6;11 Jahren. 10 Beobachtungsbögen, Verlag Herder: Freiburg im Breisgau.
- **Zimmer, R. (2019):** BaSiK. Begleitende alltagsintegrierte Sprachentwicklungsbeobachtung in Kindertageseinrichtungen – Manual, Verlag Herder: Freiburg im Breisgau.
- **Zimmer, R. et al. (2014):** BaSiK – Begleitende alltagsintegrierte Sprachentwicklungsbeobachtung in Kindertageseinrichtungen, Verlag Herder: Freiburg im Breisgau.

ÜBERSICHT BILDKARTEN ZUM DOWNLOAD

1. 

2. 

3. 

4. 

5. 

6. 

7. 

8. 

9. 

10. 

11. 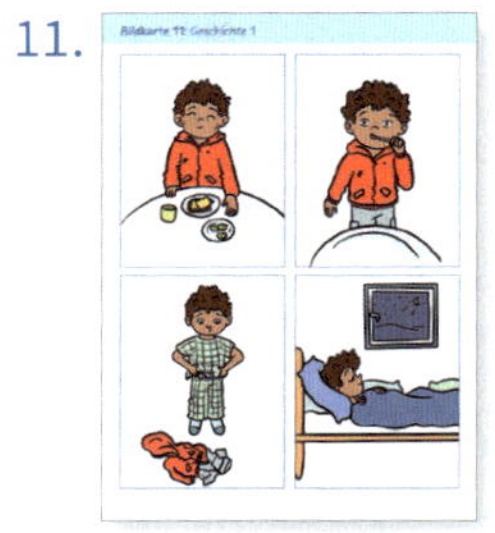

12. 

13. 

14. 

15. 

16. 

17. 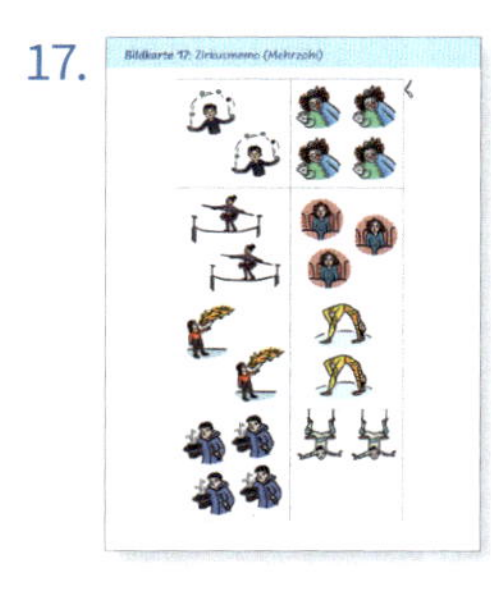

18. 

19. 

20. 

21. 

22. 

23. 

24. 

25. 

REGISTER DER GESCHICHTEN, SPIELE UND LIEDER

INFO ZUR AUTORIN

Silke Hubrig ist Berufsschullehrerin an der Fachschule für Hauswirtschaft, Gesundheit und Sozialpädagogik in Bremen mit dem Schwerpunkt Bewegung und Sport. Zuvor war sie als Erzieherin sowie Tanz- und Bewegungspädagogin tätig. In verschiedenen pädagogischen Fachverlagen sind ihre Bücher erschienen, die sich dem Thema „Frühpädagogische Praxis in Kita und Krippe" widmen.

PLATZ FÜR NOTIZEN